"十四五"国家重点出版物出版规划

军事高科技知识丛书·黎 湘 傅爱国 主编

智能博弈技术与应用

黄金才 黄魁华 等 ★ 编著

Intelligent Game Technology and Application

国防科技大学出版社

·长沙·

图书在版编目（CIP）数据

智能博弈技术与应用/黄金才等编著. —长沙：国防科技大学出版社，2023.10（2024.6重印）
（军事高科技知识丛书/黎湘，傅爱国主编）
"十四五"国家重点出版物出版规划项目
ISBN 978-7-5673-0627-1

Ⅰ. ①智… Ⅱ. ①黄… Ⅲ. ①军事—博弈论 Ⅳ. ①E0

中国国家版本馆 CIP 数据核字（2023）第 189452 号

军事高科技知识丛书
丛书主编：黎 湘 傅爱国

智能博弈技术与应用
ZHINENG BOYI JISHU YU YINGYONG
编　　著：黄金才　黄魁华　等

出版发行：国防科技大学出版社	
责任编辑：魏云江	责任美编：张亚婷
责任校对：吉志发	责任印制：丁四元
印　　制：长沙市精宏印务有限公司	开　　本：710×1000　1/16
印　　张：13.5	字　　数：200 千字
版　　次：2023 年 10 月第 1 版	印　　次：2024 年 6 月第 2 次
书　　号：ISBN 978-7-5673-0627-1	
定　　价：98.00 元	

社　　址：长沙市开福区德雅路 109 号
邮　　编：410073
电　　话：0731-87028022
网　　址：https://www.nudt.edu.cn/press/
邮　　箱：nudtpress@nudt.edu.cn

版权所有　侵权必究
告读者：如发现本书有印装质量问题，请与所购图书销售部门联系调换。

军事高科技知识丛书

主　　　编　黎　湘　傅爱国
副　主　编　吴建军　陈金宝　张　战

编委会

主任委员　黎　湘　傅爱国
副主任委员　吴建军　陈金宝　张　战　雍成纲
委　　　员　曾　光　屈龙江　毛晓光　刘永祥
　　　　　　孟　兵　赵冬明　江小平　孙明波
　　　　　　王　波　冯海涛　王　雷　张　云
　　　　　　李俭川　何　一　张　鹏　欧阳红军
　　　　　　仲　辉　于慧颖　潘佳磊

总 序

孙子曰："凡战者，以正合，以奇胜。故善出奇者，无穷如天地，不竭如江河。"纵观古今战场，大胆尝试新战法、运用新力量，历来是兵家崇尚的制胜法则。放眼当前世界，全球科技创新空前活跃，以智能化为代表的高新技术快速发展，新军事革命突飞猛进，推动战争形态和作战方式深刻变革。科技已经成为核心战斗力，日益成为未来战场制胜的关键因素。

科技强则国防强，科技兴则军队兴。在人民军队走过壮阔历程、取得伟大成就之时，我们也要清醒地看到，增加新域新质作战力量比重、加快无人智能作战力量发展、统筹网络信息体系建设运用等，日渐成为建设世界一流军队、打赢未来战争的关键所在。唯有依靠科技，才能点燃战斗力跃升的引擎，才能缩小同世界强国在军事实力上的差距，牢牢掌握军事竞争战略主动权。

党的二十大报告明确强调"加快实现高水平科技自立自强""加速科技向战斗力转化",为推动国防和军队现代化指明了方向。国防科技大学坚持以国家和军队重大战略需求为牵引,在超级计算机、卫星导航定位、信息通信、空天科学、气象海洋等领域取得了一系列重大科研成果,有效提高了科技创新对战斗力的贡献率。

站在建校70周年的新起点上,学校恪守"厚德博学、强军兴国"校训,紧盯战争之变、科技之变、对手之变,组织动员百余名专家教授,编纂推出"军事高科技知识丛书",力求以深入浅出、通俗易懂的叙述,系统展示国防科技发展成就和未来前景,以飨心系国防、热爱科技的广大读者。希望作者们的努力能够助力经常性群众性科普教育、全民军事素养科技素养提升,为实现强国梦强军梦贡献力量。

国防科技大学

校　　长

政治委员

院士推荐

杨学军

强军之道，要在得人。当前，新型科技领域创新正引领世界军事潮流，改变战争制胜机理，倒逼人才建设发展。国防和军队现代化建设越来越快，人才先行的战略性紧迫性艰巨性日益显著。

国防科技大学是高素质新型军事人才培养和国防科技自主创新高地。长期以来，大学秉承"厚德博学、强军兴国"校训，坚持立德树人、为战育人，为我军培养造就了以"中国巨型计算机之父"慈云桂、国家最高科学技术奖获得者钱七虎、"中国歼-10之父"宋文骢、中国载人航天工程总设计师周建平、北斗卫星导航系统工程副总设计师谢军等为代表的一茬又一茬科技帅才和领军人物，切实肩负起科技强军、人才强军使命。

今年，正值大学建校70周年，在我军建设世界一流军队、大学奋进建设世界一流高等教育院校的征程中，丛书的出版发行将涵养人才成长沃土，点燃科技报国梦想，帮助更多人打开更加宏阔的前沿科技视野，勾画出更加美好的军队建设前景，源源不断吸引人才投身国防和军队建设，确保强军事业薪火相传、继往开来。

中国科学院院士 杨学军

院士推荐

包为民

近年来，我国国防和军队建设取得了长足进步，国产航母、新型导弹等新式装备广为人知，但国防科技对很多人而言是一个熟悉又陌生的领域。军事工作的神秘色彩、前沿科技的探索性质，让许多人对国防科技望而却步，也把潜在的人才拦在了门外。

作为一名长期奋斗在航天领域的科技工作者，从小我就喜欢从书籍报刊中汲取航空航天等国防科技知识，好奇"在浩瀚的宇宙中，到底存在哪些人类未知的秘密"，驱动着我发奋学习科学文化知识；参加工作后，我又常问自己"我能为国家的国防事业作出哪些贡献"，支撑着我在航天科研道路上奋斗至今。在几十年的科研工作中，我也常常深入大学校园为国防科研事业奔走呼吁，解答国防科技方面的困惑。但个人精力是有限的，迫切需要一个更为高效的方式，吸引更多人加入科技创新时代潮流、投身国防科研事业。

所幸，国防科技大学的同仁们编纂出版了本套丛书，做了我想做却未能做好的事。丛书注重夯实基础、探索未知、谋求引领，为大家理解和探索国防科技提供了一个新的认知视角，将更多人的梦想连接国防科技创新，吸引更多智慧力量向国防科技未知领域进发！

中国科学院院士

院士推荐

— 费爱国

站在世界百年未有之大变局的当口，我国重大关键核心技术受制于人的问题越来越受到关注。如何打破国际垄断和技术壁垒，破解网信技术、信息系统、重大装备等"卡脖子"难题牵动国运民心。

在创新不断被强调、技术不断被超越的今天，我国科技发展既面临千载难逢的历史机遇，又面临差距可能被拉大的严峻挑战。实现科技创新高质量发展，不仅要追求"硬科技"的突破，更要关注"软实力"的塑造。事实证明，科技创新从不是一蹴而就，而有赖于基础研究、原始创新等大量积累，更有赖于科普教育的强化、生态环境的构建。唯有坚持软硬兼施，才能推动科技创新可持续发展。

千秋基业，以人为本。作为科技工作者和院校教育者，他们胸怀"国之大者"，研发"兵之重器"，在探索前沿、引领未来的同时，仍能用心编写此套丛书，实属难能可贵。丛书的出版发行，能够帮助广大读者站在巨人的肩膀上汲取智慧和力量，引导更多有志之士一起踏上科学探索之旅，必将激发科技创新的精武豪情，汇聚强军兴国的磅礴力量，为实现我国高水平科技自立自强增添强韧后劲。

中国工程院院士 费爱国

院士推荐

——陆建华

当今世界，新一轮技术革命和产业变革突飞猛进，不断向科技创新的广度、深度进军，速度显著加快。科技创新已经成为国际战略博弈的主要战场，围绕科技制高点的竞争空前激烈。近年来，以人工智能、集成电路、量子信息等为代表的尖端和前沿领域迅速发展，引发各领域深刻变革，直接影响未来科技发展走向。

国防科技是国家总体科技水平、综合实力的集中体现，是增强我国国防实力、全面建成世界一流军队、实现中华民族伟大复兴的重要支撑。在国际军事竞争日趋激烈的背景下，深耕国防科技教育的沃土、加快国防科技人才培养、吸引更多人才投身国防科技创新，对于全面推进科技强军战略落地生根、大力提高国防科技自主创新能力、始终将军事发展的主动权牢牢掌握在自己手中意义重大。

丛书的编写团队来自国防科技大学，长期工作在国防科技研究的第一线、最前沿，取得了诸多高、精、尖国防高科技成果，并成功实现了军事应用，为国防和军队现代化作出了卓越业绩和突出贡献。他们拥有丰富的知识积累和实践经验，在阐述国防高科技知识上既系统，又深入，有卓识，也有远见，是普及国防科技知识的重要力量。

相信丛书的出版，将点燃全民学习国防高科技知识的热情，助力全民国防科技素养提升，为科技强军和科技强国目标的实现贡献坚实力量。

中国科学院院士

院士推荐

王怀民

《"十四五"国家科学技术普及发展规划》中指出，要对标新时代国防科普需要，持续提升国防科普能力，更好为国防和军队现代化建设服务，鼓励国防科普作品创作出版，支持建设国防科普传播平台。

国防科技大学是中央军委直属的综合性研究型高等教育院校，是我军高素质新型军事人才培养高地、国防科技自主创新高地。建校70年来，国防科技大学着眼服务备战打仗和战略能力建设需求，聚焦国防和军队现代化建设战略问题，坚持贡献主导、自主创新和集智攻关，以应用引导基础研究，以基础研究支撑技术创新，重点开展提升武器装备效能的核心技术、提升体系对抗能力的关键技术、提升战争博弈能力的前沿技术、催生军事变革的重大理论研究，取得了一系列原创性、引领性科技创新成果和战争研究成果，成为国防科技"三化"融合发展的领军者。

值此建校 70 周年之际，国防科技大学发挥办学优势，组织撰写本套丛书，作者全部是相关科研领域的高水平专家学者。他们结合多年教学科研积累，围绕国防教育和军事科普这一主题，运用浅显易懂的文字、丰富多样的图表，全面阐述各专业领域军事高科技的基本科学原理及其军事运用。丛书出版必将激发广大读者对国防科技的兴趣，振奋人人为强国兴军贡献力量的热情。

中国科学院院士

院士推荐

宋君强

习主席强调，科技创新、科学普及是实现创新发展的两翼，要把科学普及放在与科技创新同等重要的位置。《"十四五"国家科学技术普及发展规划》指出，要强化科普价值引领，推动科学普及与科技创新协同发展，持续提升公民科学素质，为实现高水平科技自立自强厚植土壤、夯实根基。

《中华人民共和国科学技术普及法》颁布实施至今已整整21年，科普保障能力持续增强，全民科学素质大幅提升。但随着时代发展和新技术的广泛应用，科普本身的理念、内涵、机制、形式等都发生了重大变化。繁荣科普作品种类、创新科普传播形式、提升科普服务效能，是时代发展的必然趋势，也是科技强军、科技强国的内在需求。

作为军队首个"科普中国"共建基地单位，国防科技大学大力贯彻落实习主席提出的"科技创新、科学普及是实现创新发展的两翼，要把科学普及放在与科技创新同等重要的位置"指示精神，大力加强科学普及工作，汇集学校航空航天、电子科技、计算机科学、控制科学、军事学等优势学科领域的知名专家学者，编写本套丛书，对国防科技重点领域的最新前沿发展和武器装备进行系统全面、通俗易懂的介绍。相信这套丛书的出版，能助力全民军事科普和国防教育，厚植科技强军土壤，夯实人才强军根基。

中国工程院院士 宋君强

智能博弈技术与应用

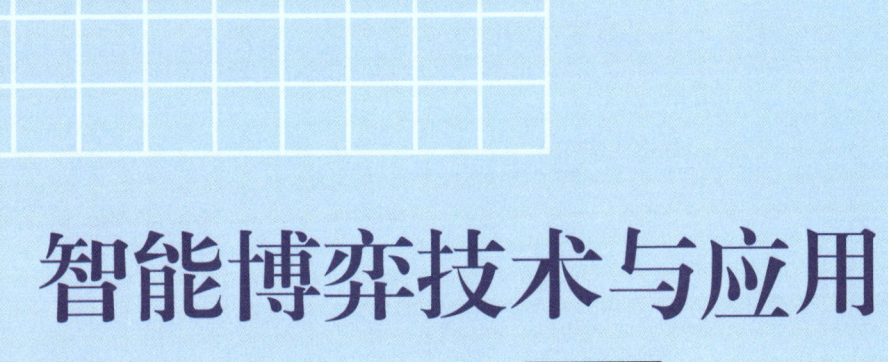

编　　著：黄金才　黄魁华　冯旸赫
　　　　　程光权　梁星星　何　华
　　　　　展　翔

前言

博弈是一个古老又与时俱进、内涵不断延伸的经典话题，同时也是自然科学领域重要的研究分支。自古以来，各种棋类博弈游戏的发明，代表着人类不断向智力极限挑战的进取心和美好愿望。这也正是人区别于一般动物的本质所在，更是推动世界发展进步的源动力。

随着人工智能技术的进步，复杂博弈问题也迎来发展的春天。尽管人工智能在过去几年更多聚焦于目标识别、路径规划等方面，但面向未来，针对智能博弈与决策的深入研究将会是人工智能领域的重要发展方向和终极目标。智能博弈是利用人工智能技术求解博弈问题，对多个智能体之间的复杂作用进行建模和分析，并找到较优博弈策略的理论方法。智能博弈是博弈理论与人工智能的联结，将成为连接人与机器的一座桥梁。

军事对抗是天然的博弈问题。目前，智能博弈技术已经成为各国军方关注的重点。由谷歌研制的人工智能体 AlphaStar 在即时战略类游戏《星际争霸2》中战胜了人类顶级战队，美国国防高级研究计划局计划用《星际争霸2》游戏训练人工智能体，待成功后迁移到现实中执行类似任务。军事智能博弈技术将成为未来智能化战争条件下双方争夺决策优势的关键支撑。

本书以博弈、人工智能和军事对抗为主题，对智能博弈技术与应用进行阐述，对博弈、智能博弈、军事智能博弈进行阶梯式探讨研究，希望使读者对智能博弈技术及其军事应用有一个概要且相对系统的认知。本书第1章从博弈论的基础概念入手，顺次阐述了博弈论的研究分支、发展历史、发展趋势等；第2章介绍了智能博弈的概念和发展情况，尤其对近几年人工智能技术应用于围棋博弈和即时战略游戏的"明星"人工智能体进行介绍；第3章对军事智能博弈的概念、挑战以及面向战役战术级典型场景的兵棋模拟智能博弈技术进行探讨；第4章和第5章分别对"以行动对抗为中心"的军事作战行动智能博弈和"以算法对抗为中心"的智能算法对抗博弈两大类军事博弈场景进行详细阐述；第6章尝试升华探讨"以决策为中心"的决策智能化问题，对从智能博弈到智能指挥决策的系统架构与关键技术进行介绍，希望能够抛砖引玉。

本书在编写过程中参考了国内外许多学者的著作，引用了其中的观点、数据与结论，在此一并表示感谢，特别是第6章引用了胡晓峰教授关于指挥决策智能化的主要观点和内容，在此特别表示感谢。同时，本书出版得到了国防科技大学出版社的大力支持，在此致以深深的谢意。

由于作者学识有限，书中难免有偏颇或不妥之处，敬请读者批评指正。

作　者

2023年4月

目录

第 1 章 博弈论基础   1
- 1.1 博弈论的科学内涵   1
- 1.2 主要概念和基本假设   5
- 1.3 非合作博弈与合作博弈   11
- 1.4 发展历史   12
- 1.5 未来趋势   16

第 2 章 智能博弈概念与发展   21
- 2.1 人工智能概述   21
- 2.2 智能博弈概述   26
- 2.3 智能博弈分类   28
- 2.4 智能博弈发展   41

第 3 章 军事智能博弈   59
- 3.1 基本概念   60
- 3.2 基础技术及发展现状   60

3.3　现有系统架构及技术水平　　　　　　　　62

3.4　军事智能博弈的挑战　　　　　　　　　　74

3.5　任务级兵棋智能博弈技术　　　　　　　　76

3.6　对抗案例说明　　　　　　　　　　　　　81

3.7　发展思考　　　　　　　　　　　　　　　96

第 4 章　作战行动智能博弈　　　　　　　　100

4.1　人机混合博弈　　　　　　　　　　　　　100

4.2　蜂群智能博弈　　　　　　　　　　　　　112

4.3　数字孪生驱动博弈　　　　　　　　　　　121

第 5 章　智能算法对抗博弈　　　　　　　　133

5.1　基本概念　　　　　　　　　　　　　　　133

5.2　智能算法对抗的背景　　　　　　　　　　137

5.3　智能算法博弈攻防的应用　　　　　　　　143

5.4　智能算法博弈面临的挑战　　　　　　　　147

5.5　发展趋势　　　　　　　　　　　　　　　149

第 6 章　从智能博弈到智能指挥决策　　　　150

6.1　美军智能指挥决策系统发展　　　　　　　150

6.2　智能指挥控制系统架构与关键技术　　　　155

6.3　决策"智能化"若干问题　　　　　　　　161

6.4　发展思考　　　　　　　　　　　　　　　169

参考文献　　　　　　　　　　　　　　　　　171

第 1 章
博弈论基础

> 要想在现代社会做个有文化的人,你必须对博弈论有一个大致的了解。
>
> ——诺贝尔经济学奖获得者 保罗·萨缪尔森

纵观人类发展的历史,对抗与冲突、妥协与合作一直是个重大主题。博弈论是"交互的决策论",是交互式条件下"最优理性决策"的理论。博弈论正在成为经济学、政治学、军事科学、法学、社会学等领域重要的分析工具。博弈论的发展与应用具有非常广阔的空间和强大的生命力。

1.1 博弈论的科学内涵

博弈论是在竞争或者合作环境下交互式决策的数学理论。交互式决策是关键特征,但是交互式决策论不等同于一般的决策论。总体而言,博弈论是与决策论相互关联又有所区别的理论。

决策是主体选择方案以使期望效用最大化的活动。现代决策论包括期望效用理论、决策树方法、程序性决策与非程序性决策的区分、决策原则与科学决策程序等内容。

博弈是一种互动决策。当某一主体的决策与其他主体的决策产生直接相互作用时，称为"互动决策"或"博弈"。研究互动决策的理论称为"博弈论"，英文为"game theory"。"game"通常直译为游戏，指有一定规则的竞赛，比如奥林匹克运动会的英文是"Olympic Games"。"game"的引申意义含有策略的意思，所以"game theory"过去译为"对策论"，现在通译为"博弈论"。

博弈论与决策论的区别是：决策论研究人们如何面对环境决策，博弈论研究人们如何面对能动的主体决策；决策论不考虑策略的互动关系，博弈论专门研究主体间策略的依存和互动关系；决策论研究单一主体如何进行选择以使期望效用最大化，博弈论研究多个参与人如何选择以使各自的效用最大化，并预测博弈的结局。尽管有上述区别，但两者又有相同点：博弈论使用的期望效用理论与决策论是相同的，两者都研究人们的最优选择问题，并且两者都以主体具有理性为假定前提。

因此，严肃领域的博弈论，是分析社会主体竞争与合作策略的理论。马丁·J.奥斯本和阿里尔·鲁宾斯坦所著《博弈论教程》指出："博弈论是一个分析工具包，它被设计用来帮助我们理解所观察到的决策主体相互作用的现象。"约翰·海萨尼在1994年获得诺贝尔经济学奖时说："博弈论是关于策略相互作用的理论，就是说，它是关于社会局势中理性行为的理论，其中每个局中人对自己行动的选择必须以他对其他局中人将如何反应的判断为基础。"其他还有许多定义与此大同小异，这些定义均强调局中人策略的相互影响或策略相关性。

博弈论分析多人博弈的策略互动关系，并以此为前提分析参与人如何进行理性选择。由于要对所有参与人的策略选择进行分析，博弈论要回答：这种互动关系对理性参与人选择策略有何影响？在博弈局势中，参与人有没有稳定的最优策略集合？如果有，博弈的结局是什么？如果没有纯策略意义的最优策略，各参与人将按什么样的混合策略选择行动？当存在两个以上的策略解时，现实中的人们趋向于选择哪一个（这在博弈论中称为均衡的精炼）？等等。

博弈论对各方最优策略及其相互依存关系的分析和对博弈结局的预测，符合马克思主义的方法论。恩格斯谈历史进程时曾说："多种力量影响着历史，但多种力量的方向和结构是不同的，构成一个多边形，多边形的合力决定着历史进程。"在博弈论看来，社会主体的策略和行动之间是相互依存和相互作用的。博弈分析的目的是研究这种互动关系中各参与人的"均衡策略"或其结局。

所谓"均衡策略"，类似于数学中方程组的解。它是所有参与人最优策略的集合。最优策略往往是相互依存的，因此大多数博弈局势不能单独求出某一方的上策。换句话说，在大多数博弈中，分析一方的上策时，需要同时求出另一方的上策。所有局中人上策的集合称为博弈的均衡策略。

博弈论是借助社会学科的研究发展起来的，目前的博弈论文献大多是经济博弈论文献。经济博弈论是以经济策略关系为对象的博弈论。类似地，军事博弈论就是以军事策略关系为对象的博弈论，它分析军事斗争与合作的均衡策略和理性思维问题。

博弈论的一般理论属于应用数学学科，博弈论在社会博弈中的应用分析属于交叉学科。对博弈论的发展做出重大贡献的学者，有许多数学家，也有许多经济学家，因此产生过博弈论学科性质的讨论。争论最激烈的一次，是由约翰·纳什是否应获诺贝尔经济学奖引起的。纳什是个数学博士，在他为现代博弈论奠基的关于"纳什均衡"的博士论文中，导师要求加入一个例子，他不情愿地加入了一个经济交易的例子，后来由此获得诺贝尔经济学奖。1994年，评奖委员会在初评时，五位委员之一的斯塔尔以纳什是一个数学家且有精神疾患为由反对他获奖，评奖委员会主席阿萨尔·林德贝克（瑞典著名的经济学家）和其他成员则支持纳什获奖。由于瑞典皇家科学院投票会议上斯塔尔又提出异议，结果纳什仅以微弱多数选票获奖，而以往候选人往往是全票通过。通过这个争论可以看到，博弈论起初是通过数学发展起来的，严格地讲，博弈论不是经济学或军事学的一个分支，它是一种方法，应用范围可以广泛涉及经济学、军事学、国际关系、政治学、公共选择、制度学、伦理学和刑事侦查等领域。但是，生活中没有抽象的博弈，只有具体的博弈，抽象数学形式的博弈论，难以被人们理解也难以传播，它需要借助具体的社会关系领域，在应用中发展。在经济领域，博弈论的应用最活跃也最富有成果。博弈论的原理及其意义，可以通过经济博弈模型得到说明，并在社会科学其他领域传播。因此，博弈论的学科性质可以归纳为：一般博弈论属于数学方法论学科；但现实中的博弈论，比如军事博弈论或经济博弈论，属于交叉学科或应用学科。

军事博弈论是军事大系统运筹理论的要素之一。军事大系统运筹方法可分为两个大类：一是把决策因素作为客观环境因素来对待的决策方法，二是对军事主体间的策略互动关系或能动性关系进行分析的博弈方法。《孙子兵法·计篇》指出，庙算之初要"经之以五事，校之以计，而索其情"。"五事"包括道、天、地、将、法。"主孰有道？将孰有能？天地孰得？法令孰行？兵众孰强？士卒孰练？赏罚孰明？吾以此知胜负矣。"这些内容属于军事大系统运筹方法中的比较预测法。该篇随后又讲"兵者，诡道也。故能而示之不能，用而示之不用……亲而离之"。这里所讲的"诡道十二法"，属于军事谋略中的博弈因素，涉及能动性或互动性因素。军事博弈论主要分析军事活动中的策略互动部分。

毛泽东在《论持久战》中，运用了比较分析法、矛盾分析法、系统分析法，对敌我双方各子系统的特点做了比较分析，并对抗日战争的前途做出了准确判断，这一部分属于军事大系统预测方法；后半部分讲中国的抗日战争的策略问题，分析了日军的弱点，阐述了他的积极防御军事思想和全民抗战的政治主张等，精彩地运用了博弈论方法。毛泽东军事思想是军事学皇冠上的明珠，也是军事博弈论最宝贵的财富。

总之，博弈论是一个基础性、应用性、前沿性和交叉性学科。基础性在于它可以为策略学、谋略学等提供有关互动分析的方法论基础；应用性在于它是一个方法论学科，是一个工具包，可用于分析不同类型的博弈问题；前沿性是指它体现当代博弈论研究的新成果；交叉性是指它是博弈论方法与多类型策略互动关系的特定分析对象的结合。

1.2 主要概念和基本假设

博弈分析的基本要素包括参与人、策略与行动、支付或效用、行动顺序、信息、结果和均衡等。

1.2.1 参与人

第一个主要概念是参与人。参与人亦称局中人，是博弈中的决策主体，他通过选择行动或策略使自己的支付或效用水平最大化。参与人可以是个人，也可以是一个组织，只要他们能作为一个主体采取一致的行动并与外界进行策略互动。博弈分析至少要有两个以上的参与人。依据参与人的数量，博弈分为两方博弈和多方博弈。三个或三个以上博弈方参加的博弈为多方博弈。多方博弈中策略和利益的依存关系较为复杂。对任一博弈方来说，其他博弈方不仅会对自己的策略做出反应，他们之间还有相互作用或反应。博弈矩阵一般适合表示两方博弈。超过三方的博弈，通常只能用函数式或数集表达。有限策略的三方博弈可用两个博弈矩阵合起来表示。

1.2.2 策略与行动

第二个主要概念是策略与行动。策略与行动是博弈参与人的决策变量。这里的策略与策略学所讲的策略只包括宏观层次的全局性、长远性决策不同。在静态博弈中，策略等同于行动。行动是参与人在博弈的某个时间节点的选择变量。在静态博弈中，没有人能获得他人的行动信息，策略选择就变成了行动选择。参与人的行动可能是离散的，也可能是连续的。

在动态博弈中，一个策略是参与人在每个决策点选择何种行动的一个规则，策略包括对方采取各种行动后参与人将要选择的行动。比如，"人不犯我，我不犯人；人若犯我，我必犯人"是动态博弈策略，"犯"与"不犯"是行动。策略规定了在什么时候选择什么行动，它包括各种可能选择的行动以及行动的前提。动态博弈中，策略作为行动的规则，必须完备，它要给出参与人在每一种可能情况下的行动选择，即使参与人并不希望这种情况发生。比如，"我不犯人"只是因为"人不犯我"，这一点对于动态博弈的均衡是非常重要的。

一般地，如果一个博弈中各博弈方的策略数量都是有限的，则称为"有限博弈"；如果一个博弈中至少有一方的策略是无限多的，则称为"无限博弈"。在理论上，有限博弈总可以用矩阵法、扩展型法或罗列法将所有的策略、结果或得益列出；而无限博弈只能用函数式或数集表示。这使得这两种博弈的分析方法表现出很大的差异。此外，有限博弈和无限博弈对各种均衡解的存在性也有非常关键的影响。

1.2.3 支付或效用

第三个主要概念是支付或效用。支付是参与人在博弈中付出的代价或得益的总称，支付为正时表示得益，支付为负时表示代价。支付也称为效用，是反映参与人对一个博弈结果满足程度的数字。支付或效用是博弈方选择行为的判据。在博弈分析中，直接用代价或得益数字来分析结果的方法称为基数法；用偏好的排序方法比较结果则称为序数法。用序数法分析，数值越小越应优先选择；用基数法分析，数值越大越应优先选择。分析不完全信息博弈要进行概率计算，这就需要使用基数法。为了前后一致，博弈分析一般使用基数法。基数法是一种"无量纲"方法，类似于打分方法，它是根据期望效用理论得出的。

博弈各方在每种策略组合下都有相应的支付或效用。如果将每个博弈方在一个策略集合中的支付相加，就可以算出所有博弈方支付的总和，称为全体博弈方的集体支付或效用。根据博弈方支付总和的不同，博弈可分为三种类型：一是零和博弈，即博弈的支付向量总和始终为零；二是常和博弈，即博弈的支付向量总和始终为一个常数；三是变和博弈，即博弈的支付向量总和在不同策略集合下不同。

孙子曰："知吾卒之可以击，而不知敌之不可击，胜之半也；知敌之可击，而不知吾卒之不可以击，胜之半也；知敌之可击，知吾卒之可以击，而不知地形之不可以战，胜之半也。故知兵者，动而不迷，举而不穷。"这段话说明，准确判定博弈中的支付是进行有效博弈分析的前提。

1.2.4 行动顺序

第四个主要概念是行动顺序。行动顺序对于博弈的结果是非常重要的。按规则博弈方可能同时行动，也可能先后行动。后行动者可以通过观察先行动者的行动来获得信息，从而调整自己的选择。根据博弈中行动顺序差异，博弈分为静态博弈、动态博弈与重复博弈。

静态博弈，即各博弈方同时决策，或虽然博弈方决策的时间不一致，但他们做出选择之前不允许知道或无法知道其他博弈方的选择（比如暗标拍卖）。正规体育比赛中的团体赛，不允许各方知道对方运动员的出场次序，各方选择运动员的出场顺序就是静态博弈。《孙子兵法·计篇》讲庙算，也包括这种情况。庙算时，如果双方都不知道对方的选择，那么所用的分析方法就是静态博弈方法。

动态博弈，即参与人采取的行动有先后次序，而且后行动者可以看到先行动者选择了什么行动。军事活动有大量的动态博弈，比如一方开始进攻，另一方随后调整防御部署；或一方先做出某种防御部署，另一方调整进攻部署。动态博弈用博弈树分析比策略式分析更方便。先行动方在做出决策时需要推测后行动方的反应，而后行动方的行动又要考虑对方随后的反应。因此，与静态博弈相比，动态博弈的计算量更大。

重复博弈是同一个博弈反复进行所形成的博弈过程。构成重复博弈的一次性博弈称为"原博弈"或"阶段博弈"。例如，现实中策略对手的长期并存与竞争，作战博弈中的重复行动等。重复博弈主要分析多阶段重复与单阶段博弈的差别。

1.2.5 信息

第五个主要概念是信息。信息是参与人关于博弈结构的知识，包括其他参与人的特征、策略与行动、博弈的支付等。信息集是博弈论中描述参与人信息特征的一个重要概念，是参与人在某一时刻有关对方特征或行动集合的知识。一个参与人无法准确知道的类型或行动变量的全体属于一个信息集。

信息包括关于得益的信息，即每个博弈方在各种策略组合下的得益情况。根据该类信息结构将博弈划分为完全信息博弈和不完全信息博弈。如果各个博弈方清楚自己得益的各种可能情况，也知道对方得益的各种可能情况，这种博弈局势就称为完全信息博弈。这要求每个参与人的特征、支付函数以及策略空间成为共同知识。如果至少有一方不了解其他博弈方的类型以及博弈的得益情况，这种博弈局势就称为不完全信息博弈。不完全信息博弈常常是不对称信息博弈。其中，不了解其他博弈方得益情况的博弈方称为具有不完全信息的博弈方。

信息还包括关于博弈顺序的信息。军事对抗中许多信息对博弈对手是保密的，各方会设法隐藏自己的行动，于是博弈又分为完美信息博弈和不完美信息博弈。如果在动态博弈中，轮到行动的博弈方完全了解对方选择的行动，则称其为具有完美信息的行动方；如果各方都知道对方采取什么行动，那么这种博弈称为完美信息博弈。如果在动态博弈中，轮到行动的博弈方不完全了解对方以前采取的行动以及全部博弈进程，则称其为具有不完美信息的行动方，该种博弈称为不完美信息博弈。

完美信息与完全信息是两个有区别的概念。完全信息是各方都清楚博弈的支付，每个参与人都知道其他参与人的类型以及可能选择的行动集合，因此也就知道各种博弈结局的支付。不完全信息是既不知道对手的类型分布，也不知道博弈的支付，所以不完全信息意味着不完美。如果一个参与人不知道对方的真实类型，那么信息既不完全也不完美。完美信息是指一个参与人对其他参与人的行动选择有准确的了解，因此完美信息也是完全的。如果博弈双方都知道对方实力以及各种行动组合产生的对抗结果，那么信息是完全的，但如果有一方不知道先行动方选择了什么行动，那么信息就是不完美的。

1.2.6 结果和均衡

第六个主要概念是博弈的结果和均衡。结果是所有博弈分析者感兴趣的东西。但博弈分析特别关注均衡策略、均衡行动以及均衡支付，即特别关注最可能出现的结局。均衡策略，是博弈各方最优策略的组合；均衡行动，是静态博弈中博弈各方最优行动的集合；均衡支付，是博弈各方最优策略或最优行动集合产生的支付。比如在一个策略组合里，我军的最优策略是"人不犯我，我不犯人；人若犯我，我必犯人"，在这个策略前提下，对方选择了对我"不犯"的策略，均衡是（"人不犯我，我不犯人；人若犯我，我必犯人"，不犯），这是指均衡策略；均衡结果是（不犯，不犯），这是均衡行动。均衡结果括号中前一个"不犯"是我方在对方"不犯"时的最优行动，而非最优策略。

1.2.7 基本假设

除上述几个主要概念以外，博弈论还有一个基本假设，即参与人是理性的，他们知道博弈规则。

理性假设是指，参与人有一个很好定义的偏好序，这个偏好序满足可加性、传递性等要求。在实际生活中，当面临多种选择时，我们需要有一个偏好序。对偏好排序后，我们能够判断不同选择满足参与人的程度，这需要用到偏好的简单传递性，例如，当进攻优于防御，而防御优于退却时，那么进攻也应优于退却。有了一定的偏好序，在给定其他参与人行动的情况下，参与人选择使自己获得最大效用的行动。如果说他们是理性的，是因为他们能够选择满足自己偏好的最佳行动。此外，还假定参与人能够精确地进行推理和计算。

现实参与人有限理性决策结果与完全理性假定下的分析结果有时是有差异的，但博弈论可以为博弈局势分析提供一个参照系。在多数情况下，有限理性博弈与完全理性博弈的分析结果是一致的或近似的。此外，按照理性要求选择策略的收益一般大于非理性决策的收益。孙子曰："夫未战而庙算胜者，得算多也；未战而庙算不胜者，得算少也。多算胜，少算不胜，而况于无算乎？吾以此观之，胜负见矣。"如果"多算胜，少算不胜"是一般规律，且参与人是有限理性的，则他不能在军事博弈中因为少算而受益。

在国际策略博弈中，理性决策者在与非理性决策者斗争中存在吃亏的现象，但这并不说明理性假定就是不合理的，有时博弈主体采取"准备拼命"的姿态，是有意地显示"非理性"态度，属于"理性"地选择"非理性"的策略性行为，因而实际上是一种理性行动。因此，要区分策略意义的非理性与真实的非理性。

真实的非理性是指军事博弈中决策者的偏好受主观因素的影响。孙子曰："故将有五危：必死，可杀也；必生，可虏也；忿速，可侮也；廉洁，可辱也；爱民，可烦也。凡此五者，将之过也，用兵之灾也。覆军杀将，必以五危，不可不察也。"这是说，如果将帅的偏好序与其实际的军事利益出现偏差，后果是不利的。因此，博弈论以理性作假定有其合理性，尽管现实中参与人是有限理性的，但策略决策者是致力于理性决策的，而且许多现实博弈的结果接近理性博弈分析结果。

博弈论关于理性的假设有合理性，但也存在缺陷。演化博弈论则弥补了这个缺陷，它引进了一个更加合理的假设，即参与人是有限理性的，通过试错向有最大效用的方向调整自己的行为。演化博弈论可以帮助解决博弈均衡的选择问题。当有多个均衡时，一个主体可能通过采取适当的行动引导均衡结果向一个特定均衡演化。当博弈重复足够多次数时，争论的焦点再次变成均衡的选择问题，并有可能将结果引导到合作纳什均衡。

博弈论总是在一定的博弈规则假设下进行研究的。一般地，参与人、行动和结果称为博弈三要素或博弈规则。这些规则决定了参与人怎样在博弈中进行反馈。在策略互动的情况下，排除规则的经验性来源是不利的。有时单靠理性还很难得出确定可靠的预期。于是，许多应用博弈分析提出的关于策略行为规则的问题，只有将理论和经验知识结合起来，才能充分得到解决。实验博弈论的发展在一定程度上弥补了古典博弈论的缺陷，实验博弈是运用受控的、可观察的实验技术研究策略行为的一般性规则，并检验这些规则的真假。

1.3　非合作博弈与合作博弈

博弈论主要分为两大领域，即非合作博弈理论与合作博弈理论。这两种理论的差别在于所使用的基本假设不同，即承诺的强制力不同，因此它们在研究方法和结论上存在较大差异。

在非合作博弈理论中，决策主体根据利益最大化的原则来决定自己的选择，没有任何强制力量能够使他们遵守一个违背自己利益的承诺。例如，类似"如果你和我合作，那么博弈结束后我的收益给你一半"的承诺，在非合作博弈中没有效力，因为没有任何机制保证博弈结束后，局中人会按照承诺支付自己一半的收益。非合作博弈研究人们如何独立进行博弈决策，强调的是个人理性和个人最优决策。军事博弈，特别是作战博弈，大多属于非合作博弈。但在策略领域，谈判与结盟等合作博弈理论亦有用武之地。

合作博弈理论则假设如果参与人达成合作意向，他们的协议将是可强制执行的。在有强制力的情况下，如果达成合作意向，则合作是必然成立的。这时策略选择问题不是分析重点，重点是研究合作者如何选择收益总和最大的策略组合，以及人们达成合作后如何分配利益的问题，强调的是团体理性、效率等方面。

非合作博弈理论的核心问题是策略选择，研究人们如何在利益相互依存和策略相互作用的情况下做出最有利于自己的选择。合作博弈理论的核心问题是利益分配，研究人们达成合作之后如何分配利益。这种侧重点的不同造成两种理论的模型和研究方法也有很大不同。当前，非合作博弈理论是博弈论研究的主流领域，因为分析策略选择才能给出人类理性行为的详细描述。合作博弈理论在博弈论中的地位虽然下降了，但仍然占据一席之地，具有一定影响。

对于非合作博弈理论，比较流行的分类方式是将它分为四类。按照参与人掌握的信息将博弈划分为完全信息博弈与不完全信息博弈；按照参与人行动的顺序将博弈划分为静态博弈与动态博弈。将上述两个角度的划分结合起来，总体分为四种不同类型的博弈，即完全信息静态博弈、完全信息动态博弈、不完全信息静态博弈、不完全信息动态博弈。与上述四类博弈相对应的是四个均衡概念，即纳什均衡、子博弈精炼纳什均衡、贝叶斯纳什均衡、精炼贝叶斯均衡。

重复博弈是一种特定形式的动态博弈，但重复博弈作为动态博弈又因信息结构不同而有不同结论。

有了以上的划分，我们在分析博弈局势时，首先要确定它是一个什么类型的博弈，适用什么方法分析。现实中的博弈有时是多种博弈局势的混合，要考虑运用多种方法。

1.4　发展历史

《孙子兵法》是我国古代体现博弈论思想最成功的文献之一。1838 年，安东尼·奥古斯丁·古诺关于产量决策的模型是最早研究数理经济学和博弈论的经典文献。1913 年，恩斯特·泽梅罗证明，如果国际象棋的对局者具有完全理性，就能够精确地计算出所有可能着法，假如让两个精明的上帝下棋，只要确定了谁先谁后，就可以事先计算出结果。20世纪20年代，埃米尔·波雷尔使用最佳策略的概念研究了下棋等决策问题，并试图将其作为应用数学的分支来研究。

一般认为，古典博弈理论开始于1944年冯·诺依曼和摩根斯顿合著的《博弈论与经济行为》。该书主要由数学家冯·诺依曼写成，摩根斯顿是合作著书的倡议者，写了一个热情洋溢的前言，主要观点是大部分经济问题都应该被当作博弈问题来分析。该书出版后，《纽约时报》以头版报道，引发轰动乃至抢购。原因可能是过去人们感到人际关系博弈太复杂，难以把握博弈局势，许多人不愿做与人打交道的工作，而宁愿做技术工作。博弈论产生后，人们开始对社会关系的博弈规律进行分析和预测，因而许多人抱有很高的期望。该书内容包含非合作博弈理论与合作博弈理论：非合作博弈理论部分主要分析了零和博弈，介绍了博弈的策略式（标准式）和扩展式，定义了极大极小算法，并证明了"鞍点"（解）的存在性；合作博弈理论部分提出了稳定集概念。该书奠定了期望效用理论的基础。但现代博弈论专家认为，冯·诺依曼的极大极小算法，只能求零和博弈的"特解"，所以把他称为古典博弈理论的创立者。冯·诺依曼的成果使博弈论开始成为一门学科。

博弈"通解"的概念是纳什在"纳什均衡"的定义中提出的。因此一般认为，现代博弈论是由纳什奠基的。纳什对非合作博弈的主要贡献是，他在1950年和1951年的两篇论文中定义了非合作博弈一般意义上的均衡解。纳什在1950年证明了有限博弈都存在均衡策略；在均衡点，所有的参与人选择这样一个行动：给定竞争对手的选择，这个行动对他们来说是最优的。纳什所定义的均衡解被称为"纳什均衡"，它揭示了博弈论与经济均衡间的联系。此后，现代博弈论以"纳什均衡"定义为基础发展起来。

"纳什均衡"概念是所有博弈分析的基础，但动态博弈分析需要以"纳什均衡"为基础引入新方法。对动态博弈分析贡献最大的莱茵哈德·泽尔腾，将"纳什均衡"的概念引入动态分析，提出了"子博弈精炼纳什均衡"概念。与此概念相联系的逆向归纳法，是分析完全信息动态博弈的一般方法。

与该理论相关的威胁可信性与承诺行动等概念，以及对逆向归纳法的深入讨论，构成了动态博弈分析方法的核心。

不完全信息博弈是由海萨尼突破的。1967年，海萨尼把不完全信息引入博弈论的研究中，提出了被称为"海萨尼转换"的方法，解决了不完全信息博弈的求解问题，其解概念被称为"贝叶斯纳什均衡"。海萨尼还提出了混合策略解的不完全信息解释。海萨尼的成果构成了不完全信息静态博弈的主要内容。

因为对博弈论做出的突出贡献，纳什、泽尔腾、海萨尼三人获得了1994年诺贝尔经济学奖。他们都是数学家，用经济博弈模型来发展博弈论，使现代博弈论进入一个崭新、辉煌的发展时代。

1996年，诺贝尔经济学奖又授予在应用博弈论方法上获得突破的两位学者——詹姆斯·莫里斯与威廉·维克里。他们研究信息经济学，特别是不对称信息条件下的激励机制问题，该激励机制问题实际上是一种不完全信息的博弈，与他们成果相关的显示定理，对分析军事信息对抗问题具有重要的启发意义。

不完全信息动态博弈的研究也不断取得进展，包括1981年埃隆·克尔伯格引进顺推归纳法，1982年大卫·克瑞普斯和罗伯特·威尔逊提出"序贯均衡"的概念，1991年朱·弗登伯格和让·梯若尔提出"完美贝叶斯均衡"的概念。2001年，诺贝尔经济学奖授予三位经济博弈论专家，即运用不完全信息动态博弈分析"柠檬市场"、劳动市场和资本市场的非对称信息博弈取得重大突破的经济学家乔治·阿克尔洛夫、迈克尔·斯彭斯、约瑟夫·斯蒂格利茨，表明学术界对博弈论学科价值的重视。

博弈论的理论分析是否与现实相符，这需要博弈实验来证明，于是实验博弈论迅速发展。弗农·史密斯设计了一个双向口头拍卖机制，奠定了实验经济学的基础。他作为2002年诺贝尔经济学奖得主之一，对实验博弈论做出了突出的贡献。

围绕以上重大突破，博弈论的发展形成了一个完整的体系。其中，非合作博弈理论包括完全信息静态博弈（策略式博弈）、完全信息动态博弈（扩展式博弈）、不完全信息静态博弈、不完全信息动态博弈、重复博弈等主要内容，合作博弈理论包括谈判理论、联盟理论等主要内容。此外，有限理性博弈论、学习与进化博弈论、实验博弈论等领域的研究也不断获得突破。

在博弈论不断发展的同时，它在社会科学领域的应用范围也不断扩大，目前除在经济理论上具有非常重要的作用之外，在管理学的应用上也极为重要。据《财富》杂志统计，40%的世界500强企业将其成就归功于他们在经营管理中对博弈论的巧妙运用。

博弈论在军事领域的应用也取得重大进展。例如，军事对抗模拟中应用了博弈思维方法；谢林教授为分析冲突策略设计了双支付矩阵；运用博弈论对危机控制问题进行研究；等等。目前博弈论已经引起国内军事学界重视，得到了广泛的应用。

• 经典案例

学习现代经济学，绕不开囚徒困境和纳什均衡。纳什均衡又称为非合作博弈均衡，是博弈论的一个重要术语，以约翰·纳什命名。所谓囚徒困境，即两个共谋犯罪的人A和B被抓，警察将他们隔离在不同的审讯室进行审问，A和B不能互相沟通情况。然后警察分别对两个人说，如果你们两个都认罪，证据确凿，每人判刑2年；如果一个坦白、一个抵赖，坦白的被认为有立功表现而免受处罚，抵赖的因抗拒从严，判刑10年；如果两个都抵赖，那么由于证据不充分，每人判刑1年。

经济学中有一个理性人的假设，即人都是出于自己利益最大化而考虑。从A的角度，如果B选择坦白，A选择坦白判刑2年，选择抵赖判刑10年；如果B选择抵赖，A选择坦白免受处罚，选择抵赖判刑1年。所以从A的角度出发，无论B如何选择，A选择坦白都是最优的。从B的角度来看也是同理。因此，最终博弈的结果就是A和B都选择坦白，这就是纳什均衡。无论从个人还是整体的角度看，两个人分别从自己利益最大化的角度出发，最终却做出了最差的选择，可见纳什均衡点不一定是整体最优解。

1.5 未来趋势

进入 21 世纪，以深度学习为代表的人工智能（artificial intelligence，AI）理论与系统在多个领域掀起浪潮，人类已经初步跨入了智能时代，可以说智能是这个时代最显著的特征。长期以来，我们对于博弈论的认知停留在它与诺贝尔经济学奖关系密切的这个误解上面，导致当前博弈论应用大量集中在经济、商业、管理领域，极少应用在数学、计算机领域。这种现状使得人们误以为博弈论是经济管理学的一个分支，呈现案例应用场景单一、数学描述精确化不足、学科交叉度欠缺、时代性体现不够等缺陷。在当前，最显著的是缺乏智能的时代特征。

事实上，博弈论与智能的关系特别密切。博弈论刻画的是交互式决策，而人工智能最重要的使命是在互动中学习，所以二者在模型层面是相通的；博弈论中最重要的概念是稳定和均衡，而人工智能追求的目标是从海量数据中学习稳定的决策范式以及偏好或者知识，所以二者在解概念层面也是相通的。当前，策略式博弈、扩展式博弈以及纳什均衡、子博弈精炼纳什均衡等已经在对抗型智能中得到广泛运用；沙普利值、核心等合作型解概念也与群体智能、体系评估等领域实现了初步结合。

目前存在几类有代表性的智能系统，这些系统与背后的模型都和博弈论有着密切关系。比如，AlphaGo、AlphaZero 系统所涉及的场景是博弈双方的态势信息完全可见的围棋、国际象棋以及日本将棋，因此采用的模型是利用树图构建的完全信息动态博弈。因为描述此类游戏的树图规模特别巨大，在存储和计算方面都有很大的困难，所以系统采用了基于深度学习的蒙特卡洛树搜索（Monte Carlo tree search，MCTS）算法来简化子博弈精炼纳什均衡的计算；再比如，Libratus 系统所涉及的场景是态势信息不可见的德州扑克，玩家需要根据部分信息进行不确定推理，因此采用的模型是不完全信息动态博弈，其主要构建工具是贝叶斯机制和子博弈之间的平衡，利用蒙特卡洛反事实悔恨最小化规则进行了贝叶斯纳什均衡的快速计算。

按照学术界的划分标准，当前机器学习大体上可以分为三个板块：监督学习、非监督学习和强化学习。三者之中，强化学习受到的关注最多，而其背后最重要的机理就是融合马尔可夫过程的博弈模型和纳什均衡的计算。当前学术界有一个共识，即刻画大规模智能体平均行为的平均场博弈、刻画群体演化稳定规律的进化博弈、刻画多类型不确定测度下行为的不确定博弈三类博弈模型理论是下一步人工智能数学机理的突破口。可以说，博弈论是智能时代背后最重要的数学机理之一。

人工智能方面的多位知名学者和团体对博弈论非常青睐，如美国国家科学院、国家工程院、艺术与科学学院三院院士迈克尔·I. 乔丹呼吁重视博弈论在机器学习中的作用，华人唯一的图灵奖获得者姚期智院士在清华大学推动了算法博弈论的研究，北京大学的邓小铁教授在博弈论纳什均衡计算复杂度领域取得了卓越的成果。姚院士与邓教授形成的学术交流团队培养了几位优秀的算法博弈论青年学者。伊恩·古德费洛将二人零和博弈模型与深度学习中的生成器、判别器融合，产生了著名的生成对抗式网络（generative adversarial network，GAN），被图灵奖获得者燕乐存评价为"过去十年里最激动人心的机器学习新思想"。中国人工智能学会成立了机器博弈专业委员会，发表了机器博弈白皮书，阐述了各类棋类游戏后面的智能博弈机理。在某种意义上讲，拥抱智能时代就必须拥抱博弈论。

这些事实说明，博弈论不仅仅在经济学、管理学等领域具有重要的应用价值，而且从来都没有和时代脱节，在智能时代仍然具有不可替代的作用。

信息化军事对抗是整个军事系统的多维对抗，指挥控制战具有前所未有的意义。争夺控制权成为作战的核心目标。谁拥有制信息权、制电磁权、制空权、制天权，谁就夺取了战争的控制权。策略优势由单维发展到多维，策略制高点有了全新的意义。软打击与硬打击相结合，信息对抗对战局具有决定性影响，硬打击仍有重要作用。点穴战、瘫痪战、策略突袭作战、特种部队导引战、一体化联合精确作战等成为战法创新的焦点。

随着精确制导武器逐步成为主战兵器，远程精确打击力量比重逐步增大。在这个过渡时期，联合火力打击不仅是多军兵种联合攻击，而且是精确武器与非精确武器的联合打击。远程精确作战力量趋向于首先使用，首战对战局具有重大影响。策略决策者将关注整个战争进程。战前准备对战争胜负具有更重要的影响。确定国防发展策略，必须论证策略需求与面对的威胁，发展相应的信息化装备，确保满足数量和质量需求。必须考虑双方军事发展的动态前景，武器装备的结构和数量论证要具有前瞻性。

信息化战争又是以核威慑为背景的战争。强化危机控制研究、增强复杂局势控制能力具有重要意义。对外敌可能的干涉，需要加强核威慑能力，制定综合的外交、军事、政治、经济应对预案。特别是要应对其侦察情报信息介入导致的挑战。

信息化作战烈度从武装摩擦到大规模联合打击，中间有许多梯级和台阶，可能在某个阶段结束危机或战争，也可能使危机或战争升级和跳级。非对称作战成为重要的作战类型。非对称包括策略实力非对称、信息控制权非对称、远程精确武器数量非对称、战争潜力非对称、抗战争风险能力非对称以及作战手段非对称等。

信息化战争具有新特点，因此必须使用新的模型和方法进行分析和模拟。比如，对于信息战、点穴战、瘫痪战、指挥控制战的作战效能，需要用复杂系统论来解释；对于战争后期敌军的瓦解，需要用突变论来解释。信息化战争的节奏加快，特别是信息化精确武器攻防节奏极快，需要使用计算机和人工智能，通过人机结合实现自动化指挥。在信息化条件下，具有智能特征的军事博弈具有广阔的应用前景。

一是军事博弈论能用于分析各方的最优策略。在博弈局势中，各方的策略通常是相互依存的，有时是直接相互作用的。利用博弈论分析各方策略的依存关系，求解各方参与人的最优选择，有助于掌握策略互动决策的方法和规律。但博弈论与谋略学有所不同。谋略学文献如《孙子兵法》《三十六计》

等，属于分析用兵谋略、指导人们如何运筹帷幄的理论，这种论证"应如何"或"怎么做"的理论称为"规范性"理论。博弈论属于分析博弈策略互动规律的理论，作为论证"是什么"和"为什么"的理论，它被称为"实证性"理论，它主要分析博弈者选择策略的主观规律，分析理性参与人如何做出选择才是最优的。作为实证理论，军事博弈论有较强的逻辑性和精密性，可以与谋略学相互印证。博弈论借助特有的工具，通过特有的范畴和定理进行分析。这些定理由数学方法推导而来，比较严格和准确。如果数据满足要求，它就可以借助人工智能为指挥员提供决策参考。军事对抗模拟适当运用博弈方法，可以体现谋略思维的活力。

二是军事博弈论有助于增强局势预测能力。博弈论分析不同军事态势下各方的理性选择以及博弈的结局，并分析哪些博弈局势容易预测、哪些局势难以预测（比如，由博弈的结构决定有些博弈只有混合策略解，而有些博弈却有多个解），这有助于我们了解什么样的博弈局势可预测以及如何预测。当然，预测局势不仅要方法正确，还要掌握当事人的信息和时间因素，这是博弈论之外的功夫。此外，现实局中人决策时往往受价值、理念等因素影响，预测时要考虑当事人的理性和价值观等因素。

三是现代博弈论有助于在作战分析中引入谋略因素。古典博弈论分析零和博弈时使用单支付函数，假定双方都认为一方所得等于另一方所失，忽略了认知不一致的问题。在作战中一方所得与另一方所失有时可能相等，但双方的价值理念不同，判断也会不同。比如，解放战争时期，我军主动退出淮阴、延安，在蒋介石看来这是大捷，而我军在毛泽东军事思想指导下，在价值判断上不计较一城一地的得失，更关注消灭敌军实力。我军主动撤离延安，保存了实力，不是什么大损失，反观蒋介石的价值判断却有失误。但这反映了一个现象，作战中一个结局，在双方看来，有时不是你得多少、我失多少。现代博弈论分析使用双支付函数，用不同的参数描述一个结局对双方不同的支付，这样使博弈论分析走出了极大极小算法的局限，使谋略应用更为广泛。

四是军事博弈论广泛应用在策略分析中。与古典博弈论只能进行零和博弈分析不同，现代博弈论可以进行非零和博弈分析。策略问题非常重要，甚至比作战问题还重要。日本成功偷袭了珍珠港，却因此输掉了整个战争。希特勒进攻苏联，战役上连打几个大胜仗，但决定了法西斯阵营必败的结局。即使我们是战役战术指挥员，也应做到身在局部、胸有全局，在打仗时更明白、更能体现首长的策略意图。

五是军事博弈论为优秀的兵法思想提供了理论支撑。比如，积极防御的军事思想，"守则不足，攻则有余"的辩证理解，"虚而实之，实而虚之"，"形兵之极，至于无形"，等等，都可以通过军事博弈论的模型得到论证。军事博弈论从过去的纯数学推导中解脱出来，力求体现"数中有术"的谋略思想，它为我们理解毛泽东军事思想和《孙子兵法》等兵学宝库中的优秀遗产提供了有益的启示。

六是军事博弈论有助于完善作战推演系统。军事博弈论分析不同类型的军事博弈，运用相应的模型和定理，可以编写成相应的软件，应用于静态和动态的、完全信息和不完全信息的军事博弈。军事对抗模拟推演系统体现动态博弈思想，使军事模拟训练与演习更具实战性和理论高度。

列宁曾说："理论是灰色的，实践之树常绿。"我们学习军事博弈论时，要注意理论通常存在的局限性。理论模型总是要做一些假定，以使分析简化。理论是抽象的，现实是具体的；理论是单调的，现实是鲜活的；理论是简单的，现实是复杂的；理论是分析的，现实是综合的。军事博弈是军事大系统运筹的一个部分，大系统运筹必须坚持定性分析与定量分析相结合。兵法说"数中有术，术中有数"，军事博弈论就是研究军事谋略中"数"与"术"关系的学科之一。当面临较多定性与定量相结合的问题时，正确的军事博弈思维方法尤为重要。

第 2 章

智能博弈概念与发展

"人工智能早晚会超越人类"的念头,其实从 AlphaGo 战胜围棋九段高手李世石开始,就在每个人心底不可遏制地蔓延。传统的博弈理论侧重于人类决策和策略的分析,然而,随着计算机科学和人工智能的崛起,智能博弈领域也日益受到关注,我们逐渐进入一个全新的博弈时代。智能博弈提供了一种新的思维范式,即通过模拟和优化决策过程、分析和建模博弈情境,使人能够更好地理解和解释复杂问题,并根据准确的信息和有效的决策建议,在复杂的环境中做出明智的选择。无论是在商业领域的竞争策略制定、金融市场的交易决策,还是在军事领域的任务规划,智能博弈都有着广泛的应用前景。

2.1 人工智能概述

2.1.1 起源与历史

长期以来,制造具有智能的机器一直是人类的美好梦想。早在 1950 年,艾伦·图灵在《计算机器与智能》中就阐述了对人工智能的思考。他提出的图灵测试是机器智能的重要测量手段，后来还衍生出了视觉图灵测试等测量方法。1956年，"人工智能"这个词首次出现在达特茅斯会议上，标志着其作为一个新的研究领域的正式诞生。60多年来，人工智能发展潮起潮落，基本思想可大致划分为三个高潮期。符号主义、连接主义、行为主义和统计主义四个流派从不同侧面抓住了智能的部分特征，在"制造"人工智能方面都取得了里程碑式的成就。人工智能具体的发展历程如图2-1所示。

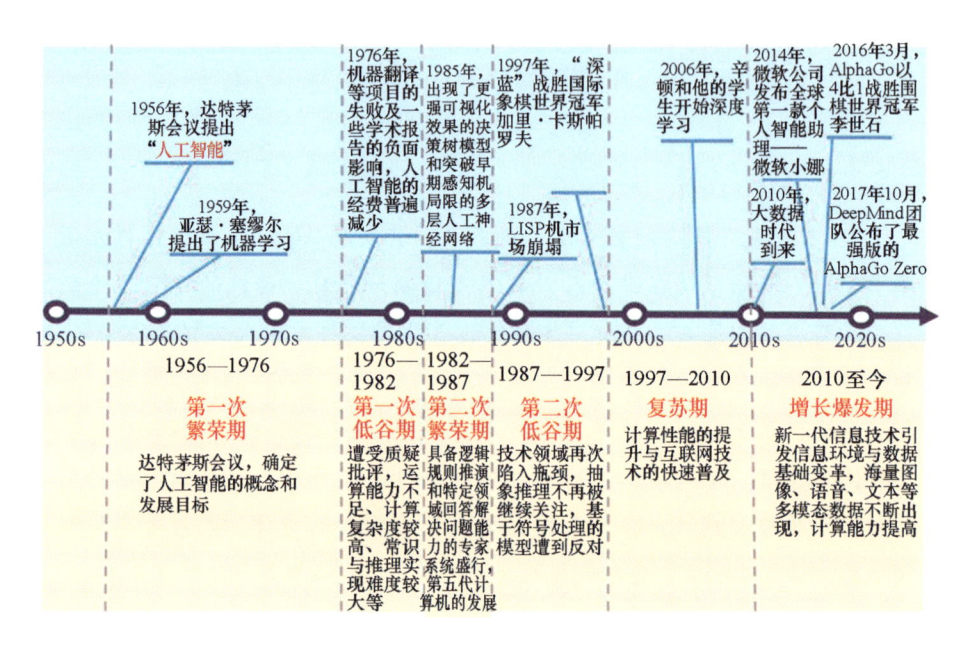

图2-1 人工智能发展历程

1959年，亚瑟·塞缪尔提出了机器学习的概念，机器学习将传统的制造智能演化为通过学习能力来获取智能，推动人工智能进入了第一次繁荣期。20世纪70年代末期，专家系统的出现，使人工智能从理论研究走向实际应用、从一般思维规律探索走向专门知识应用，将人工智能的研究推向了新高潮。然而，机器学习的模型仍然是"人工"的，具有很大的局限性。随着专家系统应用的不断深入，专家系统自身存在的知识获取难、知识领域窄、推理能力弱、实用性差等问题逐步暴露。从 1976 年开始，人工智能的研究进入了长达 6 年的低谷期。

20 世纪 80 年代中期，随着美国、日本立项支持人工智能研究，以及以知识工程为主导的机器学习方法的发展，出现了具有更强可视化效果的决策树模型和突破早期感知机局限的多层人工神经网络，由此带来了人工智能的又一次繁荣。然而，当时的计算机难以模拟复杂度高、规模大的神经网络，仍有一定的局限性。1987 年，由于 LISP 机市场崩塌，美国取消了人工智能预算，日本第五代计算机项目失败并退出市场，专家系统进展缓慢，人工智能又进入了低谷期。

1997 年，IBM 公司"深蓝"（Deep Blue）战胜国际象棋世界冠军加里·卡斯帕罗夫。这次获胜具有里程碑意义，它代表了基于规则的人工智能的胜利。2006 年，在杰弗里·辛顿团队推动下，深度学习开始备受关注，为后来人工智能的发展带来了重大影响。从 2010 年开始，人工智能进入爆发式的发展阶段，其最主要的驱动力是大数据时代的到来，运算能力和机器学习算法性能得到了提高。随着人工智能的快速发展，产业界也开始不断涌现新的研发成果：2011 年，IBM 公司的"沃森"（Waston）在综艺节目《危险边缘》中战胜了最高奖金得主和连胜纪录保持者；2012 年，谷歌大脑通过模仿人类大脑并在没有人类指导的情况下，利用非监督深度学习方法从大量视频中成功学习到识别出猫的能力；2014 年，微软公司推出了一款实时口译系统，可以模仿说话者的声音并保留其口音，还发布了全球第一款个人智能助理——微软小娜；2014 年，亚马逊公司发布迄今为止最成功的智能音箱产品 Echo 和个人助手人工智能 Alexa；2016 年，谷歌公司"阿尔法围棋"（AlphaGo）机器人击败了世界围棋冠军李世石；2017 年，阿尔伯塔大学和卡内基梅隆大学先后开发了智能德州扑克博弈程序 DeepStack 和 Libratus，在人机对抗中击败了职业玩家；2018 年，DeepMind 公司在《雷神之锤 3》中提出基于种群训练的多智能体强化学习框架 FTW，性能超越人类玩家水平；2019 年，DeepMind 基于多智能体深度强化学习推出的 AlphaStar，在《星际争霸 2》游戏中达到了人类大师级水平；2022 年，OpenAI 公司发布了最新的聊天机器人模型——ChatGPT，由于其出色的能力，ChatGPT 成为历史上最快达到 1 亿用户的应用，并在人工智能领域乃至全球范围内引发热议。

目前，人工智能被视为第四次工业革命的关键性战略技术，其发展受到世界各国高度重视。2017 年 6 月 29 日，首届世界智能大会在天津召开，中国工程院院士潘云鹤在大会主论坛作了题为《中国新一代人工智能》的主题演讲，报告中概括了世界各国在人工智能研究方面的战略。2016 年以来，美国国防部连续出台《国家人工智能研究与发展战略规划》《国防部人工智能战略》等文件，将人工智能发展提升至国家战略层面，计划在 2035 年前以智能化作战平台、信息系统、指挥决策系统为发展重点，初步建成智能化作战体系。俄罗斯先后出台《2030 年前人工智能国家发展战略》《2021—2025 年俄联邦国防计划》等战略规划，开展各种复杂作战环境下的兵棋推演，研究人工智能对战略、战役和战术各层面的影响，努力构建多层次、多维度相互贯通的无人智能化作战体系。英国、法国、德国等也纷纷发布人工智能战略，不断加大对人工智能装备研发投资力度。2017 年以来，中国陆续发布《新一代人工智能发展规划》《国家新一代人工智能标准体系建设指南》等文件，并在"十四五"规划中提出要加快机械化信息化智能化融合发展。

2.1.2 人工智能基本概念

人工智能作为一门前沿交叉学科，其定义一直存有不同的观点。《人工智能：一种现代的方法》中将已有的一些人工智能定义分为四类，即像人一样思考的系统、像人一样行动的系统、理性地思考的系统、理性地行动的系统。维基百科将人工智能定义为"人工智能就是机器展现出的智能"，即只要是某种机器，具有某种或某些"智能"的特征或表现，都应该算作人工智能。《不列颠百科全书》则限定人工智能是数字计算机或者数字计算机控制的机器人在执行智能生物体才有的一些任务上的能力。百度百科定义人工智能是"研究、开发用于模拟、延伸和扩展人的智能的理论、方法、技术及应用系统的一门新的技术科学",将其视为计算机科学的一个分支,指出其研究内容包括机器人、语言识别、图像识别、自然语言处理和专家系统等。

我国发布的《人工智能标准化白皮书》认为,人工智能是利用数字计算机或者数字计算机控制的机器模拟、延伸和扩展人的智能,感知环境、获取知识并使用知识获得最佳结果的理论、方法、技术及应用系统。人工智能的定义对人工智能学科的基本思想和内容做出了解释,即围绕智能活动而构造的人工系统。人工智能是知识的工程,是机器模仿人类利用知识完成一定行为的过程。根据人工智能是否能真正实现推理、思考和解决问题,可以将人工智能分为弱人工智能和强人工智能。

弱人工智能是指不能真正实现推理和解决问题的智能机器,这些机器表面看像是智能的,但是并不真正拥有智能,也不会有自主意识。迄今为止的人工智能系统都还是实现特定功能的专用智能,而不是像人类智能那样能够不断适应复杂的新环境并不断涌现出新的功能,因此都还是弱人工智能。目前的主流研究仍然集中于弱人工智能,并取得了显著进步,如在语音识别、图像处理和物体分割、机器翻译等方面取得了重大突破,甚至可以接近或超越人类水平。

强人工智能是指真正能思维的智能机器,并且认为这样的机器是有知觉和自我意识的,这种机器可分为类人(机器的思考和推理类似人的思维)与非类人(机器产生了和人完全不一样的知觉和意识,使用和人完全不一样的推理方式)两大类。从一般意义来说,达到人类水平、能够自适应地应对外界环境挑战、具有自我意识的人工智能称为通用人工智能、强人工智能或类人智能。强人工智能不仅在哲学上存在巨大争论(涉及思维与意识等根本问题的讨论),而且在技术上的研究也具有极大的挑战性。强人工智能当前鲜有进展,美国私营部门的专家及国家科技委员会认为,至少在未来几十年内难以实现。

人工智能发展可分为符号主义、连接主义、行为主义和统计主义四个流派。但是,现实是即使有更高性能的计算平台和更大规模的大数据助力,如国内目前已经设计出万亿级参数的超级神经网络模型，这也只是量变，不是质变，人类对自身智能的认识还处在初级阶段，在人类真正理解智能机理之前，不可能制造出强人工智能。理解大脑产生智能的机理是脑科学的终极性课题，绝大多数脑科学专家都认为这是一个数百年乃至数千年甚至永远都解决不了的问题。

通向强人工智能还有一条"新"路线，这里称为"仿真主义"。这条新路线通过制造先进的大脑探测工具从结构上解析大脑，再利用工程技术手段构造出模仿大脑神经网络基元及结构的仿脑装置，最后通过环境刺激和交互训练仿真大脑实现类人智能。简言之，"先结构，后功能"。虽然这项工程也十分困难，但都是有可能在数十年内解决的工程技术问题，而不像"理解大脑"这个科学问题那样遥不可及。仿真主义可以说是继符号主义、连接主义、行为主义和统计主义之后的第五个流派，它和前四个流派有着千丝万缕的联系，也是前四个流派通向强人工智能的关键一环。经典计算机是由数理逻辑的开关电路实现，采用冯·诺依曼体系结构，可以作为逻辑推理等专用智能的实现载体。但靠经典计算机不可能实现强人工智能，而要按仿真主义的路线"仿脑"，就必须设计制造全新的软硬件系统，这就是"类脑计算机"，或者更准确地称为"仿脑机"。仿脑机是仿真工程的标志性成果，也是仿脑工程通向强人工智能之路的重要里程碑。

2.2　智能博弈概述

智能博弈（intelligent game），或者计算机博弈、机器博弈，即人工智能+博弈。智能博弈是指利用人工智能技术进行博弈问题求解，其核心方法论是利用人工智能领域的搜索和学习技术替代传统数值优化计算，以解决高复杂度博弈场景中的快速求解问题。初始以下棋为主要研究形态，逐步扩展到竞技游戏、兵棋推演以及军事对抗。下棋是人类的高级思维活动，是逻辑思维、形象思维和灵感思维的集中体现。因此，令计算机具有下棋的智慧，是一个挑战无穷、生机勃勃的研究领域，是人工智能领域的重要研究方向，也是机器智能、兵棋推演、智能决策系统等人工智能领域的重要科研基础。机器博弈被认为是人工智能领域最具挑战性的研究方向之一。人工智能的先驱者们曾表示："如果能够掌握下棋的本质，也许就掌握了人类智能行为的核心；那些能够存在于下棋活动中的重大原则，或许就存在于其他任何需要人类智能的活动中。"

在人类文明发展初期，人们就发明了棋类博弈的游戏。1928年，被称为"现代计算机之父"的冯·诺依曼通过对两人零和博弈游戏的分析，提出了极大极小算法，证明了博弈论的基本原理。冯·诺依曼和摩根斯顿合著的《博弈论与经济行为》将二人博弈结构推广到多人博弈结构，并将博弈论系应用于经济领域，从而奠定了机器博弈研究的基础和理论体系。

近代机器博弈的研究，是从20世纪50年代开始的。许多著名的科学家，例如数学家和计算机学家图灵、信息论创始人克劳德·艾尔伍德·香农、人工智能的创始人约翰·麦卡锡以及冯·诺依曼等人都曾经涉足计算机博弈领域的研究工作，并为之做出非常重要的贡献。1950年，香农提出了象棋博弈的编程方案。1953年，图灵设计了一个能够下国际象棋的纸上程序，并经过一步步的人为推演，实现了第一个国际象棋的程序化博弈。1958年，IBM公司推出的取名为"思考"的IBM704，成为第一台与人类进行国际象棋对抗的计算机。虽然它在人类棋手面前被打得丢盔卸甲，但许多科学家对此欢欣鼓舞。1959年，人工智能创始人之一的塞缪尔编写了一个能够战胜设计者本人的西洋跳棋计算机程序；1962年，该程序击败了美国的一个州冠军，这是计算机博弈历程中一个重要的里程碑。

随着计算机硬件和软件技术的不断发展，人-机或者机-机对弈，实现了计算机硬件性能和计算机软件水平的较量。科学家们开始对计算机能否战胜人脑这个话题产生了浓厚的兴趣，提出以棋类对弈的方式，向人类智能发起挑战。20世纪80年代中期，美国卡内基梅隆大学开始研究世界级的国际象棋计算机程序；1988—1989年间，IBM公司的"深思"分别与丹麦特级大师本特·拉尔森、世界棋王加里·卡斯帕罗夫进行了"人机大战"。20 世纪 90 年代，IBM 公司的研究员开发了一个结合时间差分学习和神经网络的算法（取名为 TD-Gammon，专攻西洋双陆棋），经过上百万盘的学习训练，程序达到世界领先水平；"深思"二代吸引了前世界棋王阿那托里·卡尔波夫和世界优秀女棋手朱迪特·波尔加分别前来与之对抗（1990 年和 1993 年）。特别是"深蓝"（1996 年）、"超级深蓝"（1997 年）与卡斯帕罗夫的两场比赛，引起全球媒体的关注。在随后的几年里，计算机与卡斯帕罗夫、弗拉基米尔·克拉姆尼克等世界顶级棋手进行了一系列的比赛，计算机呈现出负少胜多的趋势，表现得越来越聪明。

经过多年对计算机博弈进行系统的理论研究，在国际象棋、中国象棋等棋种的人机大战中，从最初人类完胜计算机，到如今计算机击败人类顶级高手，计算机博弈水平迅速上升。特别是 2016—2017 年，AlphaGo 分别在与李世石、柯洁的人机围棋大战中取得了胜利，可谓人机对抗史上的最强之战，从而掀起全球人工智能的讨论、研究热潮。

2.3　智能博弈分类

在总体上看，智能博弈可以分为完美信息博弈、非完美信息博弈、随机性博弈等三个重要的研究方向，以下分别进行阐述。

2.3.1　完美信息博弈

完美信息博弈（perfect information game）是指参与者能够获得其他参与者的行动信息，也就是说，参与者在做选择时完全知道其他参与者的选择。

1. 小空间问题

在中国象棋中，遇到某些特定的残局时，即使是具有一定水平的人类棋手，往往也无法取胜，如图 2-2 所示的炮兵必胜士象全的经典残局。对于计算机而言,这类残局在几十步之内是无法求解的,即使有特殊的专用知识库作为引导(如炮兵必胜士象全的棋子占位),也很难在这样的残局中取胜。但是,此类残局在棋面上往往所剩棋子有限,如果找到一种有效的方法穷尽所有可能,就可以令计算机在这类残局中成为"上帝"般的棋手。

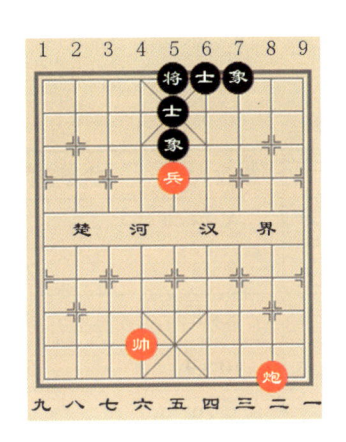

图 2-2 炮兵必胜士象全

《科学》杂志评出的 2007 年十大科学突破中,有一项是加拿大学者经过 18 年的努力,彻底解决了西洋跳棋(Checker)博弈问题。因此,在人机对弈时,人类很难再战胜计算机。研究人员发现,如果竞技双方不犯任何错误,人类最好的成绩是平局。

以上两类问题,都可以通过残局库的方法进行求解。残局库是经回溯算法(retrograde algorithm)产生特定格式的、储存各限定棋子数目的残局的所有局面及其估值的数据库文件集合。概述地说,残局库是离线生成、在线使用的,残局库储存了残局局面并经回溯分析计算过的数据库文件,将它使用在棋类程序上,当进入残局时,只要有可使用的残局数据库文件,程序将运行得非常完美。

2. 中等复杂度问题

中国象棋和国际象棋是最为经典的具有中等复杂度的完美信息博弈问题。表 2-1 展示了不同棋类游戏的空间复杂度和博弈树复杂度的对比。从状态空间复杂度和博弈树复杂度两个方面衡量，中国象棋与国际象棋接近。一棵完整博弈树的规模是相当可观的天文数字。中国象棋完整博弈树的节点数高达 10^{150} 个，而地球上全部原子的数目也才 10^{132} 个，显然是无法全部展开和进行遍历搜索的。即使博弈系统可以每秒搜索 100 万个节点，日夜不停地搜索 100 年，也只能搜索 9 层。

表 2-1　不同棋类游戏的空间复杂度和博弈树复杂度对比

棋类	棋盘大小	状态空间复杂度	博弈树复杂度
井字棋（Tic-Tac-Toe）	3×3	3	5
黑白棋（Othello）	8×8	28	58
国际象棋（Chess）	8×8	50	123
中国象棋（Chinese Chess）	10×9	52	150
日本将棋（Shogi）	9×9	71	226
围棋（Go）	19×19	172	400

中国象棋与国际象棋都属于博弈和对策的范畴，是由两个非合作主体构成的多步动态博弈问题，对弈双方有着对立零和的决策目标，其目标函数难以用数学模型来描述，目前主要用博弈树来描述，而普遍采用的求解方法就是在博弈树中搜索。博弈搜索的目标就是搜索最佳路径，搜索当前的最佳着法，并且按部就班地进行下去。搜索对于机器博弈是非常重要的，人工智能领域的学者在几十年的研究中取得了许多丰硕的成果，从基本的极大极小值搜索到 $\alpha-\beta$ 剪枝搜索，从主要变例搜索（principal variation search，PVS）到静止期搜索，从空着（null move）搜索到模型预测控制（model prediction control，MPC）搜索。这些搜索算法的研究，使得搜索的深度和速度大大增加，成为象棋程序战胜人类象棋天才的基础。由于棋的性质不同，搜索算法的应用又有许多特殊的变化。

极大极小值搜索（图 2-3）是解决中等复杂度完美信息博弈问题的基本算法。它假定对弈双方都很理智、都想赢棋，在考虑着法的时候都想让棋局朝着有利于自己的方面转化，而且都不抱有任何侥幸心理，所以在同一棵博弈树上、在不同的层次上就要有不同的选择标准，这也就是称之为"变性"搜索树的缘由。在偶数层节点的着法选择是要在其全部子节点中找到评估值最大的一个，即实行"MAX 搜索"，因此这一层也称为"MAX 方"。而在奇数层节点的着法选择则是在其全部子节点中找到评估值最小的一个，即实行"MIN 搜索"，因此该层也称为"MIN 方"。

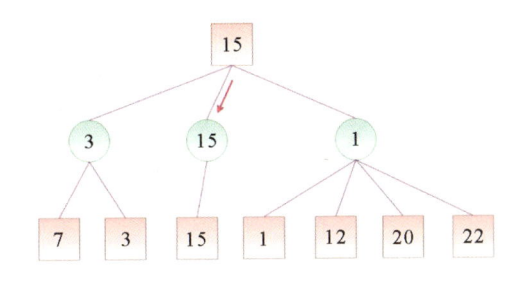

图 2-3 极大极小值搜索

在进行极大极小值搜索时，首先要在有限深度内展开全部叶、子节点，并进行评估。然后自下而上地进行搜索计算，奇数层节点取其子节点估值的极小值，偶数层节点取其子节点估值的极大值，一直反推算到根节点。在反推的过程中始终要记住算出该值的子节点是谁，这样就可以得到一条从根节点到叶、子节点的路径，这就是"最佳路径"，它是双方表现最佳的对弈着法序列。

极大极小值搜索必须在固定层次上遍历整棵树，导致效率不高，$\alpha-\beta$ 剪枝搜索于是被提出，它是一种基于 $\alpha-\beta$ 剪枝的深度优先搜索（depth-first search）。为了表述方便，本书将走棋方定为 MAX 方，因为它选择着法时总是对其子节点的评估值取极大值，即选择对自己最为有利的着法；而将应对方定为 MIN 方，因为它走棋时需要对其子节点的评估值取极小值，即选择对走棋方最为不利的、最有钳制作用的着法。

在对博弈树采取深度优先的搜索策略时，从左路分枝的叶节点倒推得到某一层 MAX 节点的值，可表示到此为止得以"落实"的着法最佳值，记为

α。显然，此α值可作为 MAX 方着法指标的下界。在搜索 MAX 节点的其他子节点，即探讨另一着法时，如果发现一个回合（两步棋）之后评估值变差，即孙节点评估值低于下界α值，则剪掉此枝（以该子节点为根的子树），即不再考虑此片段的延伸，此类剪枝称为"α剪枝"。图 2-4 给出了搜索和剪枝过程，最后得到如粗箭头所示的最佳路径片段。

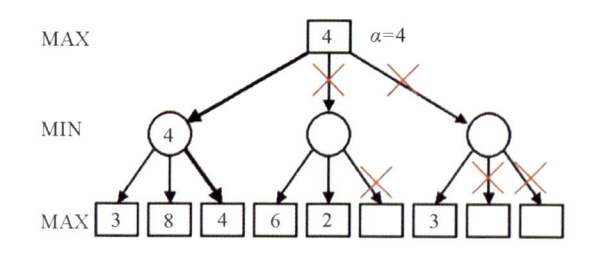

图 2-4 α剪枝

同理，由左路分枝的叶节点倒推得到某一层 MIN 节点的值，可表示到此为止对方着法的钳制值，记为β。显然，此β值可作为 MAX 方无法实现着法指标的上界。在搜索该 MIN 节点的其他子节点，即探讨另外着法时，如果发现一个回合之后钳制局面减弱，即孙节点评估值高于上界β值，则可以剪掉此枝，即不再考虑此片段的延伸，此类剪枝称为"β剪枝"。图 2-5 给出了搜索和剪枝过程，最后得到如粗箭头所示的最佳路径片段。需要指出的是，α-β剪枝搜索是根据极大极小值搜索规则进行的，虽然它没有遍历某些子树的大量节点，但它仍是一种穷尽搜索。剪枝技巧的发现，为博弈树搜索效率的提高开创了崭新局面。

在使用α-β剪枝搜索的时候，一般采用α作为期望搜索值的下界，β作为其上界。这样，就可以根据上界和下界剪掉那些不能影响树的结果的着法，这时区间（α，β）就可以认为是一个窗口，并假设期望搜索值在这个窗口之内。当某些节点的值被证明在窗口之外，即对搜索结果不会产生影响时，就可以进行剪枝。当某些节点的值被证明好于当前认为最好的搜索结果时，则要对窗口范围进行修改，以带来更多的剪枝。在搜索过程中，（α，β）窗口是

图 2-5 β 剪枝

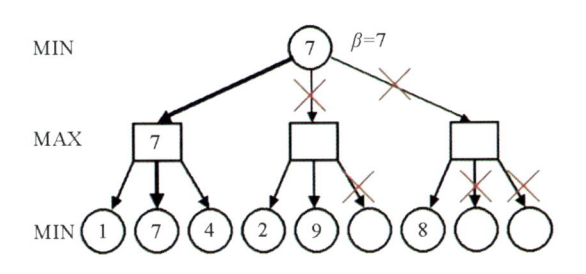

随着树的展开和恢复不断传递的。

3. 高复杂度问题

围棋的复杂程度要远远超出中国象棋和国际象棋，属于高复杂度完美信息博弈问题。围棋机器博弈在前些年受到了空前的关注，应氏集团曾悬赏 100 万美元，用于奖励在 19 路围棋中击败人类高手的程序。

表 2-2 以更直观的角度对围棋和国际象棋进行了比较，可见 19 路围棋的搜索空间是国际象棋无法比拟的，在国际象棋中取得成功的蛮力搜索无法有效解决围棋搜索问题。

表 2-2 围棋与国际象棋对比

棋类	国际象棋	围棋
棋盘大小	8×8	19×19
平均的合理着法数	35	200~300
每局平均步数	60	200
博弈树的节点数		
（第 1 步）	35	200
（第 2 步）	1 225	40 000
（第 3 步）	42 785	8 000 000
（第 4 步）	1 500 625	16 000 000 000

作为机器博弈领域内最难攻克的一个堡垒，计算机围棋的研究大体可以

分为两个阶段,以 2006 年匈牙利的研究人员 L. Kocsis 和 C. Szepesvari 将上限置信区间(upper confidence bound apply to tree,UCT)算法应用在围棋中为分界点。之前的围棋程序大多依赖基于知识的静态评估,尽管蒙特卡洛树搜索算法在 20 世纪 90 年代初就被用于解决计算机围棋问题,但是由于一直无法在探索和利用间取得平衡,与当时基于静态评估算法的程序相比,其远远处于劣势。在 UCT 算法被应用到计算机围棋之后,这种局面发生了颠覆性的变化。在 9 路围棋的棋盘上,实现了 UCT 算法的程序在无需过多知识的前提下就可以很容易地与最强的基于静态评估的程序相抗衡,并且,其他一些对蒙特卡洛树搜索过程的改进更是使该类程序的水平有了很大的提升。现在,无论是 9 路还是 19 路计算机围棋程序,都已采用基于 UCT 算法的蒙特卡洛树搜索算法作为程序的主体。

蒙特卡洛树搜索算法是将蒙特卡洛方法的思想结合到树搜索的算法中,利用每个节点在蒙特卡洛模拟结果中的收益作为博弈树节点展开的依据,对树进行展开。蒙特卡洛树搜索算法的过程如图 2-6 所示。蒙特卡洛树搜索算法包含四个过程:选择、拓展、模拟和反馈。该搜索算法首先从树的根节点开始,根据一定的策略选择一条到达叶节点的路径(选择过程),并对到达的叶节点进行展开(拓展过程),之后对这个叶节点做蒙特卡洛模拟对局并记录结果(模拟过程),最后将模拟对局的结果按照路径向上更新节点的值(反馈过程)。蒙特卡洛树搜索算法迭代地进行这四个过程,直到达到终止条件,例如到了规定的最大时间限制,或者树的叶节点数和深度达到了预先设定的值。

在蒙特卡洛树搜索算法中,一个重要的问题就是在选择过程中策略的确定。由于蒙特卡洛树搜索算法的采样具有随机性,当前分值最高的实际收益不一定最高,因此选择策略需要解决平衡探测与利用的问题。其中,探测(exploration)是指猜想哪些有较低估值并且采样较少的节点可能会得到更多的收益而优先选择它们,利用(exploitation)是指继续利用当前统计的结果选择当前收益最大的节点。研究者提出了多种处理方法,其中最受关注的是基于 UCB1 算法的 UCT 算法。

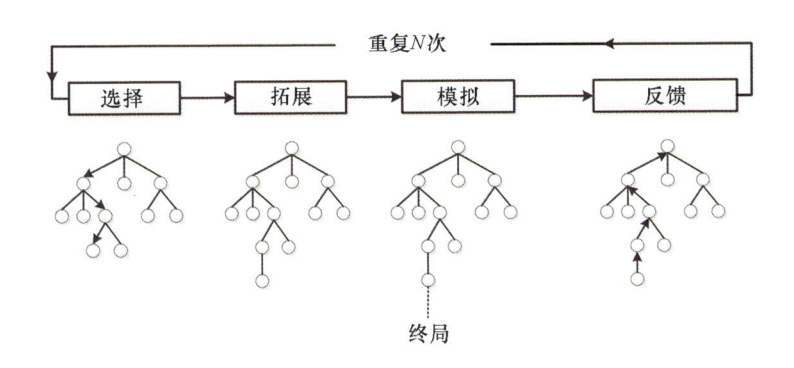

图 2-6 蒙特卡洛树搜索算法的过程

UCT 算法是一种解决探测与利用的平衡问题的经典蒙特卡洛树搜索算法，它利用的是原本用来解决多臂匪徒问题的 UCB1 算法。为了体现探测与利用的平衡问题，基于统计学习理论中的 UCB（upper confidence bound）算法中节点的收益计算公式为：

$$Gen_i = X_i + \sqrt{\frac{2\ln N}{T_i}}$$

式中：Gen_i 为第 i 个选择的预期收益；X_i 为第 i 个节点到目前为止的平均收益；T_i 为第 i 个节点执行过的次数；N 为全部节点执行过的次数。即当前节点的收益不仅与自身的平均收益相关，也与被访问的次数相关。访问次数少的节点也具有较大的收益。

2.3.2 非完美信息博弈

非完美信息博弈（imperfect information game）是指没有参与者能够获得其他参与者的行动信息，也就是说，当参与者做选择时不知道其他参与者的选择。

1. 小空间问题

阿尔伯塔大学的 M. Zinkevich 等研究者提出了使反事实悔恨最小化（counterfactual regret minimization，CFR）的方法，并应用于德州扑克、幻影一字棋（Phantom Tic-tac-toe）等具有不完全信息的博弈问题中，取得了较好的效果，为非完美信息博弈问题提供了一个新的解决思路。

CFR表示决策者在一个信息集下选择一个策略后，在之后的决策中，对所做的这个策略的后悔程度。CFR算法的目的是找到一个策略 a 以尽可能地减小悔恨。研究者们提出了利用CFR算法，使参与者对同一个博弈问题进行多次重复决策，根据不同的策略获得的收益情况，决定下一次的决策，并证明了此算法可以收敛到纳什均衡。

利用CFR算法求解具有大空间的问题时，需要对信息集进行遍历，这将消耗大量的资源，因此研究者将蒙特卡洛树搜索算法与CFR算法相结合，针对具有完全记忆（perfect recall）的博弈问题，提出了蒙特卡洛反事实悔恨最小化（Monte Carlo counterfactual regret minimization，MCCFR）算法。MCCFR算法的主要思想是在保证反事实悔恨的期望不变的情况下，利用迭代搜索的方法避免对整棵博弈树进行搜索。在MCCFR算法中，令 $Q = \{Q_1, \cdots, Q_r\}$ 为终局集合 Z 的一个划分，其中每个 Q_i（$i = 1, 2, \cdots, r$）是 Z 的子集，成为一个子块（block），在一次迭代过程中，只有一个子块被采样并且只考虑此子块中的终局历史。

对于集合 Q，研究者提出了两种采样的方法：基于结果的采样（outcome-sampling）和外部采样（external-sampling）。在基于结果的采样方法中，每一个子块中只包含一个终局历史。每次迭代的时候，只有一个终局历史被选择并且根据这个历史更新信息集。外部采样方法是根据其他参与者的着法和随机性进行采样的。

2. 高复杂度问题

幻影围棋是非完美信息博弈中非常经典的高复杂度问题，它是围棋幻影化后的结果。在幻影围棋中，博弈双方轮流在一个 9×9 的围棋棋盘上落子，但是双方都不知道对方的落子情况，因此需要一个裁判，裁判知道博弈双方的所有着法，并进行记录。当一方参与者选择一个着法后，裁判判断参与者的落子是否合法，如果合法，则完成落子，如果非法，则告知行棋的参与者选择其他的着法。如果在一方走棋后发生提子，裁判会通知双方提子数目与位置信息。落子和提子的规则与围棋完全相同。当一方所有落子都非法时即可判断该方跳过。直至双方都无法再落子，即双方都返回跳过，此时由裁判宣布对弈结束，并根据围棋的规则判断输赢。

图 2-7 表示了一局幻影围棋博弈的中局状态。图 2-7（a）和（b）分别表示黑方棋手和白方棋手的棋盘信息，图 2-7（c）表示裁判棋盘可以看到的信息，棋盘上小正方形的框表示棋手探测到的非法着法的位置，棋子中间标记小圆圈表示棋手被提子的位置。可以看出，黑方（白方）棋手的棋盘上只有己方的落子，而裁判棋盘可以看到所有博弈者的落子信息，但是，裁判棋盘不仅仅是博弈双方棋盘的加和，即博弈双方都保留了自己的关于棋局的信息，例如非法落子的位置。同时，也可以看出，幻影围棋中博弈双方的信息是不对称的，即某一方可能由于运气获得更多的信息。

(a) 黑方棋手棋盘　　(b) 白方棋手棋盘　　(c) 裁判棋盘

图 2-7　幻影围棋

为了更有效地表示非完美信息博弈中信息的转换，基于信念-状态（Belief-state）的概念构建了 Belief-state 树，并以此对非完美博弈问题建模。具体而言，树中每个节点 $n(B)$ 代表一个 Belief-state B（根节点为决策者当前的 B_0），它的每条边代表 B 下一个可能的动作。尽管 Belief-state 树可以有效地描述非完美信息的转换，但是在复杂度较高的博弈问题中，有效地评价 Belief-state 是非常困难的。因此，传统的极大极小值搜索不能被直接应用，构建一种有效的搜索方法也就十分必要了。比如，依据蒙特卡洛树搜索算法的思想构建适用于 Belief-state 树模型的搜索算法，即基于老虎机的信念 - 状态树搜索（bandit-based belief-state tree search，BBTS）算法。下面将具体阐述此算法。

首先，很难对 Belief-state 构建估值函数，因此采用随机模拟的方式对其进行在线估值。在蒙特卡洛树搜索算法中，对于某个博弈状态的估值可以从该状态开始进行的模拟博弈中得到。根据这一思想，将采样和模拟两个过程合成并得到一种新的方法，即 BS-simulation。具体而言，在对 B 的估值过程中，先随机采样一个完美信息博弈状态 $s \in B$，然后从该状态起随机模拟一次完整的博弈过程，并返回其结果，对于该 Belief-state 的估值便是对其进行的所有模拟结果的平均值。其次，将 BS-simulation 用于对 Belief-state 树上的节点进行估值，并且采用类似于蒙特卡洛树搜索的方法进行整个树的搜索。探测与利用问题依然存在，可采用 UCB 算法来解决这一问题。

具体而言，BBTS 算法是一个迭代算法，每次迭代从根节点 $n(B_0)$ 开始。首先从 B_0 中随机采得一个完美信息的博弈状态 s_0。在每个节点 $n(B)$，BBTS 算法根据 UCB 公式从 $A(s)$ 中选择着法，其中 s 是由 s_0 从根节点到 $n(B)$ 扩展过程中转换得来的，$A(s)$ 是 s 下合法着法的集合。假设选择的着法为 a，Ba 表示由 BB 和 a 转换得到的 Belief-state，若 Ba 不在搜索树内，则将其加入搜索树中。当一个叶节点 $n_T(B)$ 到达时，同时得到了一个完美的博弈状态 s'，接着从 s' 起进行一次随机模拟并返回结果。最后，利用该结果更新由 $n_T(B)$ 到 $n(B_0)$ 路径上的每个节点。图 2-8 给出了一个 BBTS 算法的实例，其中虚线表示的是对于当前采样产生 s_0 的非法着法。

2.3.3 随机性博弈

随机性博弈（stochastic game）指的是在游戏过程中需要使用骰子来玩的游戏。此类游戏可以是完美信息的，例如爱因斯坦棋（图 2-9）、西洋双陆棋（图 2-10）；也可以是非完美信息的，例如军棋、兵棋。

对于随机性博弈问题的研究可以分为三类：第一类是基于求解纳什均衡的

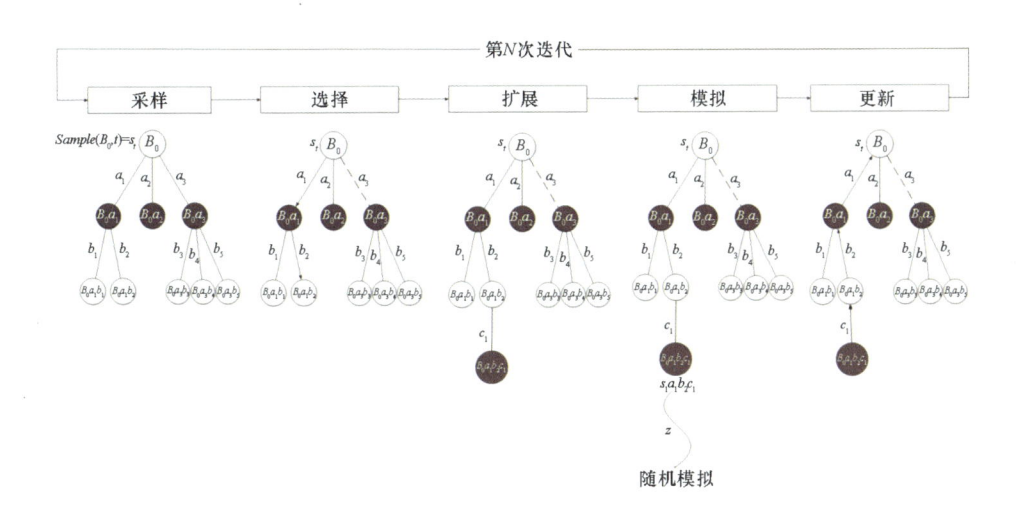

图 2-8 BBTS 算法实例

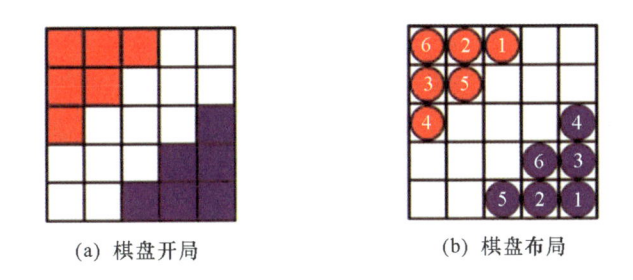

(a) 棋盘开局　　　　　　(b) 棋盘布局

图 2-9 爱因斯坦棋

图 2-10 西洋双陆棋

方法，第二类是使用机器学习的方法，第三类是利用机器博弈中的搜索算法。

在第一类方法中，随机性过程常常作为一个游戏参赛者"Chance"而被包含在扩展式博弈（extensive game）中，此博弈者的决策集合也是随机性问题对应的可能事件集合。此时，对该类问题的求解也就相应地转化为求此博弈中纳什均衡下的策略，具体到带有非确定性事件的双人零和博弈而言，纳什均衡策略也称为期望－最小最大（Expecti-Minimax）策略。因此，传统的求解纳什均衡的方法也可以应用到此类问题的求解中，如针对小规模的博弈问题可以采用线性规划、Expecti-Minimax 算法，针对大规模的问题可以采用当今比较流行的 CFR 等算法。

第二类方法研究主要基于采用机器学习和机器博弈的方法对随机性问题进行求解。G. Tesauro 提出了基于 TD-Gammon 的双重策略，并将其与神经元网络结合的方法应用于西洋双陆棋，基于这种方法的程序已经可以击败人类世界冠军。R. Brafman 将多主体强化学习（multi-agent reinforcement learning，MARL）的方法应用于随机性问题的处理中，结合多种不同的方法（例如 FrindQ、OAL、WoLF 等）综合评估了强化学习方法在处理随机性问题的效果。

在第三类方法研究中，$*$-Minimax 树搜索算法是在传统的 Minimax 树中加入了 Chance 节点，基于完美信息博弈的 $\alpha-\beta$ 剪枝策略，提出了 Star 1 剪枝策略，以及改进的 Star 2 剪枝策略。改造原始的蒙特卡洛树搜索算法和 UCT 算法，应用于爱因斯坦棋，并证明其优于蛮力搜索。Marc Lanctot 将 $*$-Minimax 和 Sparse-sampling 算法结合，采用蒙特卡洛树搜索算法对随机性博弈求解。由此可见，通过对传统的基于完美信息博弈问题的搜索算法（如 $\alpha-\beta$ 剪枝算法、UCT 算法等）进行改进，并加入一些机器学习的方法，可以使随机性问题得到比较有效的解决。

当前，对于随机性问题的研究成果还非常有限，相关探索大多基于机器学习、统计学理论及蒙特卡洛树搜索算法。需要强调的是，现有的随机博弈问题的研究仅局限于完美信息，对于更为复杂的非完美信息情况下的研究尚未开展。

2.4 智能博弈发展

2.4.1 AlphaGo

2015 年，AlphaGo 以 5:0 击败欧洲围棋冠军樊麾；2016 年，它以 4:1 击败世界围棋冠军李世石；2017 年，它又以 3:0 击败"世界围棋第一人"柯洁。AlphaGo 的胜利被誉为人工智能研究的一项标志性成果。

纵观历史，人机大战已有多次。1997 年 IBM 公司的"深蓝"，以及后来"超级深蓝"先后击败国际象棋大师卡斯帕罗夫。第二次是 2011 年 IBM 公司的问答机器人"沃森"，在美国《危险边缘》智力问答竞赛节目中大胜人类冠军詹宁斯。但 AlphaGo 的胜利之所以引起如此大的轰动，是因为其与之前的胜利不同，其不仅仅是依赖强大的计算能力和庞大的棋谱数据库，还具备了深度学习的能力。

AlphaGo 是由谷歌公司旗下 DeepMind 公司开发的。Alpha，希腊字母表的第一个字母，有第一个、开端、最初的含意。Go 是日本对围棋的叫法，因为围棋职业化和段位制都是从日本棋院发展而来。AlphaGo 就是第一个（智能）围棋的意思。围棋对于人工智能来说是最具挑战性的经典博弈游戏，因为它具有巨大的搜索空间且很难评估棋局和落子地点。

AlphaGo 的成功归结于深度神经网络（deep neural network，DNN）与蒙特卡洛树搜索（MCTS）算法的结合，使用蒙特卡洛树搜索算法进行虚拟，通过价值网络来评估棋局，并通过走子策略选择落点。

1. 结构组成

AlphaGo 拥有两个"大脑"——结构几乎相同的两个独立的神经网络，即策略网络与价值网络。如图 2-11 所示，这两个网络基本上是由 13 层卷积神经网络构成，卷积核大小为 5×5，所以基本上与存取固定长宽像素的图像识别神经网络一样，只不过将矩阵的输入值换成了棋盘上各个坐标点的落子状况。

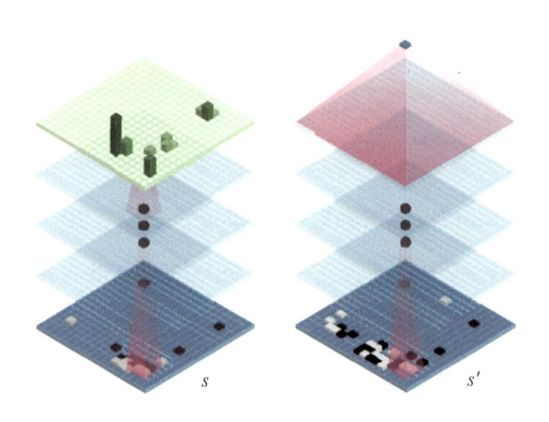

图 2-11 策略网络与价值网络

注：策略网络预测当前棋局下对手最可能的落子位置，价值网络预测落子处的赢棋概率。

策略网络基本上就是一个单纯的监督式学习，用来判断对手最可能的落子位置（图2-12）。其做法是大量地输入职业棋手的棋谱，用来预测对手最有可能的落子位置。在这个网络中，完全不用去思考"赢"这件事，只要能够预测对手的落子即可。目前，AlphaGo预测对手落子位置的正确率是57%。为避免陷入已有棋局的局限，失去灵活能力，AlphaGo策略网络又做了两个层面的改进：第一个层面是利用强化学习（reinforcement learning，RL）技术，使用部分样本训练出基础版本的策略网络，以及使用完整样本建立进阶版策略网络，然后让两个网络对弈，基础版网络可以快速训练成为打败增强版的高手，进而又产生一个新的增强版，以此循环修正，就可以不断提升对对手落子的预测准确性；第二个层面则是策略网络不再需要在19×19的方格中找出最可能的落子位置，改良过的策略网络可以先透过卷积核排除掉一些区域不去计算，然后根据剩余区域找出最可能的位置，虽然这可能降低AlphaGo策略网络的威力，但是这种机制能让AlphaGo计算速度提升1 000倍以上。

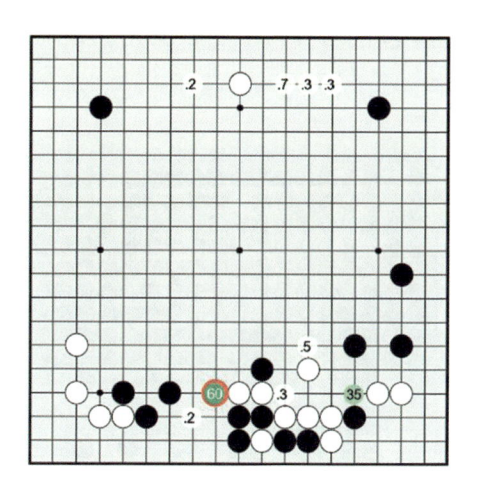

图 2 – 12　策略网络的预测

价值网络（图 2 – 13）关注的是在目前局势下，每个落子位置的最后胜率，而非短期的攻城略地。也就是说，策略网络是分类问题（对方会下在哪里），价值网络是评估问题（我下在这里的胜率是多少）。价值网络并不是一个精确解的评价机制，因为如果要算出精确解可能会耗费极大的计算资源，它只是一个近似解的网络，而且透过卷积神经网络的方式来计算卷积核范围的平均胜率（这个做法的目的主要是将评价函数平滑化，同时避免过度学习），最终会留到最后的蒙特卡洛树搜索算法中解决。当然，这里提到的胜率跟向下预测的步数有关，向下预测的步数越多，计算量就越大。AlphaGo 目前有能力自己判断需要展开的预测步数，但是如何确保过去的样本能够正确反映胜率，而且不受到对弈双方实力的事前判断影响（可能下在某处会赢不是因为下在这里该赢，而是这个人比较厉害）？这个部分他们是通过两台 AlphaGo 对弈的方式来解决，因为两台 AlphaGo 的实力可以认为是相同的，那么最后的输赢一定跟两人原来的实力无关，而是跟下的位置有关。因此，价值网络并不是通过已知的棋谱来训练，因为人类对弈会受到双方实力的影响，通过两台 AlphaGo 对弈的方式，在与欧洲棋王对弈时，所使用的训练样本只有 3 000 万个棋谱，但是在与李世石比赛时已经增加到 1 亿个。由于人类对弈动辄数小时，但是 AlphaGo 间对弈可能一秒就完成数局，这种方式可以快速地累积正确的评价样本。

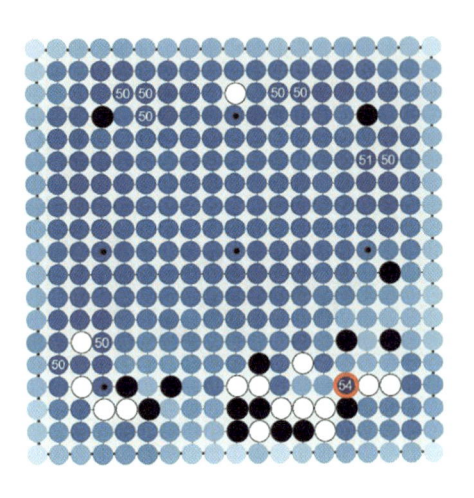

图 2-13 价值网络的评价

2. 意义与不足

AlphaGo 的成功，点燃了人机大战的熊熊烈火。AlphaGo 之所以带给人们如此大的震撼，是因为其在方法上取得的突破，被认为是智能技术特别是机器智能技术进步的重要里程碑。AlphaGo 取得的重要突破主要表现在以下四个方面。

（1）自学习能力

AlphaGo 的对弈知识是通过深度学习方法来自己掌握的，而不是像"深蓝"那样编在程序里，也不像"沃森"那样是通过"读书"来建立知识网络。尽管这个能力目前还很初级，但展现出极好的前景，使长期困扰人工智能研究的自学习问题有了解决的可能性。这种深度学习能力，使得 AlphaGo 能不断学习进化，产生了很强的适应性，而适应性造就了复杂性，复杂自适应性又是智能演化最普遍的途径。

（2）捕捉经验的能力

AlphaGo 找到了一种捕捉围棋高手的经验，即"棋感直觉"的方法。所谓棋感，就是通过训练得到的直觉，"只可意会，不可言传"。AlphaGo 通过深度学习产生的走棋网络，在对抗过程中可以实现局部着法的最优化；通过强化学习方法生成的价值网络，实现对全局不间断的评估，用于判定每一步棋对全局胜负的影响。此外，还可以通过快速走子算法和蒙特卡洛树搜索算法，加快走棋速度，实现对弈质量和速度保证的合理折中。这些技术使得计算机初步具备了既可以考虑局部得失，又可以考虑全局胜负的能力。而这种全局性"直觉"平衡能力，过去人们认为是人类独有、计算机难以具备的。

（3）发现创新能力

AlphaGo 发现了人类没有的围棋着法，初步展示了机器发现新事物的创造性。在五番棋的对抗过程中，从观战的超一流棋手讨论和反应可以看出，AlphaGo 的着法有些超出了他们的预料，但事后评估又认为是好棋。这意味着 AlphaGo 的强化学习算法，甚至可以从大数据中发现人类千百年来还未发现的知识和规律，为人类扩展自己的知识体系开辟了新的认知通道。有人认为，AlphaGo 的围棋水平已经达到了超一流的"十三段"，而人类最高才十段。所以"它可能比我们更接近围棋之神"，具备了超过人类的对围棋博弈规律的理解能力。而人类也可以通过向计算机学习围棋，进一步加深对围棋规律的理解。

（4）方法具有通用性

AlphaGo 与很多其他博弈程序非常不同，对解决其他问题极具参考价值。AlphaGo 运用的方法，实际上是一种解决复杂决策问题的通用框架，而不仅是围棋领域的独门秘籍。自学习的能力，使得计算机有了进化的可能，通用性则使其不再局限于围棋领域。

AlphaGo 虽然在与人类的对战中取得了空前的胜利，但是也存在一些问题，主要表现在以下四个方面：

（1）结构复杂

AlphaGo 由四个网络构成，即三个策略网络和一个价值网络。策略网络功能相同，却无法互相替代。价值网络和快速走棋网络用途相同，但功能互补，无法舍弃。这既浪费了有限的平台算力（间接影响了棋力），也表明 AlphaGo 的网络并不完美。

（2）人类经验的羁绊

"尽信书，不如无书。"以往的人类经验可以减少搜索空间，并使算法快速稳定地收敛到更优策略，但同时也局限了人类的探索范围。AlphaGo 中通过强化学习尝试摆脱人类经验的束缚，但其初始状态仍然是人类经验的体现。

（3）强化学习存在性能瓶颈

强化学习利用策略模拟、策略改进、策略再模拟的迭代过程来优化网络结构，其效果固然强大，但策略改进的效率决定了其最终效果。目前，AlphaGo 简单地通过自我对弈还无法达到最佳效果，因此基于现有策略如何提高是一个关键问题。

（4）探测与利用不足

探测与利用的权衡对于强化学习以及蒙特卡洛树搜索算法的性能都具有显著的影响。尽管 AlphaGo 中加入了丰富的多样性探测机制，但目前并没有理论可以证明怎样的平衡才能达到最佳。AlphaGo 虽然鼓励探测，但是其本身属于确定性决策方式（决策时动作选择不是概率性的采样），使得某一分支占优后很难跳出去探测其他分支。

2.4.2 AlphaZero

2017 年 10 月，谷歌公司旗下的 DeepMind 公司公开了最新版本的 AlphaZero，此版本在与 2016 年 3 月版的 AlphaGo 的对阵中取得了 100:0 的战绩。在打败几乎所有高段位围棋专业选手后，DeepMind 开始进军象棋领域。2017 年 12 月，DeepMind 在神经信息处理系统大会期间发布了 AlphaZero，这是一个通用棋类 AI，不仅轻松击败了最强国际象棋 AI 和日本将棋 AI，而且能够在不依赖外部先验知识的情况下，在棋盘类游戏中获得超越人类的表现，仅仅以历史的棋面作为输入，训练数据全部来自自博弈，通过自博弈汲取经验知识来不断提高自身能力。

1. 结构组成

AlphaZero将原先结构独立的策略网络和价值网络合为一体，合并成一个深度神经网络。在该神经网络中，从输入层到中间层的权重是完全共享的（AlphaGo中策略网络和价值网络结构共享、权重独立），最后的输出阶段分成了策略函数输出和价值函数输出。此外，在AlphaGo中采用的13个卷积层网络被替换成19个残差模块（或残差网络），形成了深度残差网络，通过实现更深的神经网络以提取到更丰富、更抽象的输入特征，并具有了更强的表达能力。

深度残差网络输入的盘面状态是$19 \times 19 \times 17$的二值平面，相比AlphaGo的策略网络更加简洁。17个二值平面主要有己方棋面、对方棋面、当前执棋颜色三部分内容。经过深度残差网络处理输入信息，得到盘面的深层次特征，基于这些特征分别利用策略输出模块和价值输出模块得到下棋策略和盘面胜负评估。在AlphaZero中没有采用快速走棋网络，其蒙特卡洛树搜索算法的模拟评估阶段完全依赖于深度残差网络的价值输出。

2. 训练与对弈过程

AlphaZero仅含有一个深度残差网络，其训练的目标为优化深度残差网络的权重参数，使得策略棋力更强，且胜负评估更准确。

初始状态时，由于没有人类知识的介入，网络的权重参数以随机值进行初始化，得到初始深度残差网络。将初始深度残差网络作为当前的最优策略，迭代进行自我对弈、训练优化以及对决评估步骤，最终实现AlphaZero的离线训练过程。

（1）自我对弈

使用基于当前最优策略的蒙特卡洛树搜索算法进行自我对弈的单步决策。每次单步决策需要经过1 600次蒙特卡洛树搜索算法模拟，得到并记录下当前局面s_t（t表示自我对弈的第t个单步）的策略π_t。策略π_t相比当前最优策略是一个更好的策略，因此，蒙特卡洛树搜索算法进一步提升了强化学习的策略改进速度。根据策略 π_t，系统采样进行当前盘面的动作决策，得到动作 $a_t \sim \pi_t$。因此，单步决策是一个概率性决策过程，每个动作都有选择的可能性，选择概率服从策略 π_t，这增加了探索的丰富性。持续执行单步决策过程，直到进行到终盘 T 时刻，得到结果 z，并将该过程记录的每一个（s_t，π_t，z）存入棋谱池，为后面的训练优化提供数据。重复自我对弈过程，丰富棋谱池，达到一定次数后，进行参数的训练优化过程。

（2）训练优化

棋谱池中有大量数据，从最近 500 000 盘对弈中进行均匀随机的盘面采样，采样的数据（s，π，z）用以优化深度残差网络的参数。优化目标包括期望胜负评估 v 与实际结果 z 尽可能一致、期望策略 p 尽可能接近策略 π。参数优化过程基于损失函数梯度下降方法，由于深度残差网络同时输出策略和胜负评估，因此，损失函数同时考虑胜负评估值和落子概率。

（3）对决评估

为了使棋谱池中的数据质量越来越好，需要评估新的记录点对应策略和当前最优策略的优劣，择优作为接下来的当前最优策略进行自我对弈。在对决过程中，双方依次使用蒙特卡洛树搜索算法进行单步决策，每次单步决策执行 1 600 次模拟，直到比赛结束。400 场比赛后，若记录点对应策略的胜率达到 55% 以上，则用其替换当前最优策略，并基于新的最优策略通过自我对弈继续产生更好的数据；否则，放弃该记录点，仍采用当前最优策略进行自我对弈。由此可以看出，对决评估过程的本质就是在线对弈的过程。

重复以上三个步骤，深度残差网络的棋力将不断提升。

3. 意义

AlphaZero 的主要学术贡献是提出了新的估算评价函数的方法，即基于蒙特卡洛树搜索算法的强化学习方法。该方法是把已有的两种方法，即蒙特卡洛树搜索算法和强化学习，融合到一起，在围棋领域取得了很好的效果。

其学术意义在于：首先，AlphaZero 在某种程度上攻克了围棋领域。至此可以论断，机器下围棋可以完胜人类。在同类智力游戏中，机器也可以战胜人类。其次，AlphaZero再次验证了深度学习的有效性。深度学习给人工智能带来了巨大变革，使人工智能整体水平有了质的飞跃，并能真正应用到不同的领域。

由此，"人工智能威胁论"一度甚嚣尘上，AlphaZero的出世是否意味着机器具备了无需人类指导的自我学习能力？人类会不会被人工智能取代？

我国著名机器学习专家周志华认为，AlphaZero并不是完全的无监督学习，监督信息来自精准规则，这是非常强的监督信息。另外，其并非普适，只适用于状态空间探索几乎零成本且探索过程不影响假设空间的任务。

创新工场董事长李开复指出，一方面，AlphaZero的自主学习带来的技术革新并非适用于所有人工智能领域。围棋是一种对弈游戏，信息透明，有明确结构，而且可用规则是可以穷举的。对弈之外，AlphaZero的技术也可能用于其他领域，比如新材料开发、新药的化学结构探索等，但这也需要时间验证。而语音识别、图像识别、自然语音理解、无人驾驶等领域的数据是无法穷举的，也很难完全无中生有。AlphaZero的技术可以降低数据需求（比如WayMo的数据模拟），但是依然需要大量的数据。另一方面，AlphaZero里面并没有新的巨大的理论突破，其使用的技术是现有技术的结合。

综上，AlphaZero固然在技术上取得了重大突破，但它能解决的只是人工智能很多困难中的一种，而且只是部分解决。虽然这个技术可能对人工智能其他领域有帮助，但这并不是完全的，需要做大量努力。因此，AlphaZero的成功并不代表人类会被人工智能取代，人工智能也并非万能的。

2.4.3 MuZero

DeepMind团队于2020年底在《自然》杂志发表文章，提出了AlphaZero的升级版——MuZero，通过将模型与AlphaZero的蒙特卡洛树搜索功能相结合，MuZero在Atari（用于测试人工智能技术的规范视频游戏环境）基准上取得了新的技术优势。它不借助任何规则手册，仅靠自己试验就可以学会围棋、国际象棋、日本将棋与Atari的相关知识，即在没有人类知识和规则的情况下，它能通过分析环境和未知条件来进行不同游戏的博弈。MuZero 与 AlphaGo、AlphaZero 之间的关系如图 2-14 所示。

AlphaGo：第一个将神经网络和树搜索用于解决围棋的项目

AlphaZero：用一个算法掌握了三个具有完全信息的游戏

MuZero：学习游戏规则，该算法还适用于未知的动态环境下的游戏

图 2-14　MuZero 与 AlphaGo、AlphaZero 之间的关系

AlphaGo 提供了人类知识和规则，因此可训练出一个大的策略树来完成搜索，并帮助做出决策；AlphaZero 可通过完全信息，利用泛化能力更强的强化学习算法来做训练，并学会不同的游戏，如围棋、国际象棋和日本将棋；MuZero 则是前几个阶段的升级版，即在没有人类知识和规则的情况下，它能通过分析环境和未知条件来进行不同游戏的博弈。

1. 结构组成

对于国际象棋，AlphaZero 需要了解如何独自玩游戏——这是规则手册，解释了每个棋子的移动方式以及哪些移动是合法的。此外，它还需要被告知如何判断一个位置是否是同伴（或平局）。而 MuZero 只需要了解如何独自玩游戏——公布当前位置上哪些动作合法，以及哪一方获胜（或平局），但不需要公布游戏的总体规则。

因此，除制定制胜战略之外，MuZero 还必须开发自己的动态环境模型，以便能够了解其选择的含义并制订未来的计划。如图 2-15 所示，MuZero 通过在自己的想象中创建动态环境模型并在此模型中进行优化来学习如何玩游戏。AlphaZero 只有一个神经网络，即预测网络；而 MuZero 需要三个，即表示网络（representation）、动态网络（dynamics）和预测网络（prediction）。

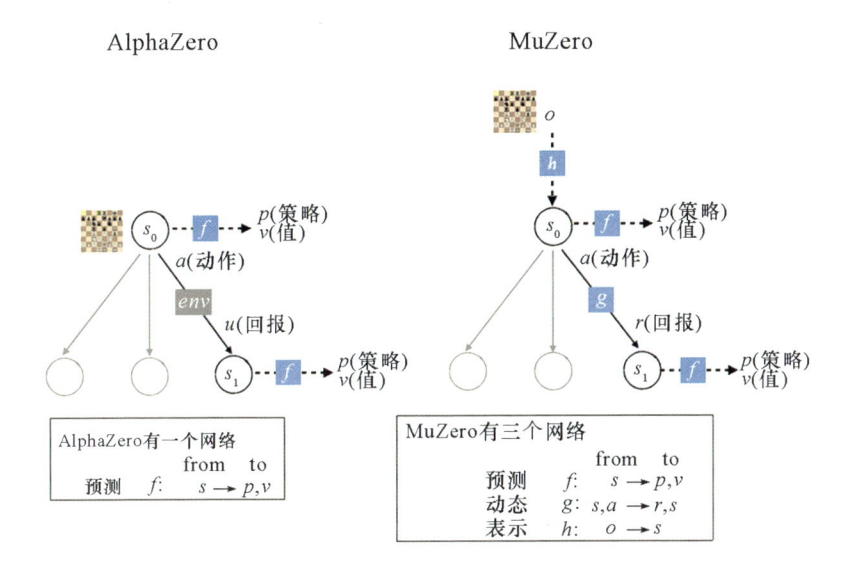

图 2-15 AlphaZero 与 MuZero 的区别

表示网络：表征编码器 h：$s^0 = h(o_1, \cdots, o_t)$，将历史观测转换为初始状态。在上面的树型模型中，将连续的 t 帧观测 $\{o_1, \cdots, o_t\}$ 传给表示网络函数中的 h 以获得初始隐藏状态 s_0。

动态网络：生成器 g：r^k，$s^k = g(s^{k-1}, a^k)$，表示系统中的动态变化。给定前一个隐藏状态 s^{k-1} 和一个候选操作 a^k，动态网络函数就会产生一个即时奖励 r^k 和一个新的隐藏状态 s^k。

预测网络：预测器 f：p^k，$v^k = f(s^k)$。策略 p^k 和价值函数 v^k 是通过预测网络函数 f 从隐藏状态 s^k 中计算出来的。

三者结合过程为：首先表示网络函数根据初始情况的观察，产生初始的隐藏状态s_0，s_0作为预测网络函数的输入，生成当前的策略 p 和价值 v。同时s_0也作为动态网络函数的输入，加上当前的行动，通过动态网络函数生成下一步隐藏状态s_1及奖励。然后继续使用预测网络函数对s_1进行预测。

2. 意义

一直以来，构建具有规划能力的智能体是人工智能领域的主要挑战之一。此前，基于树的规划方法在国际象棋与围棋等领域取得了巨大的成功。然而，在现实世界中，控制环境的动态变化通常是复杂且不可知的。因此，DeepMind 团队提出了 MuZero，通过将基于树的搜索与经过学习的模型相结合，可以在一系列具有挑战性和视觉复杂的领域中，无需了解基本的动态变化即可实现超越人类的出色性能。

MuZero 学习可迭代模型，该模型能够产生与规划相关的预测，包括动作选择策略、价值函数和奖励。在 57 种不同的 Atari 游戏上进行评估时，MuZero 的表现最佳。此前基于模型的规划方法在 Atari 游戏中均无效。而在围棋、国际象棋和日本将棋（用于评估高性能计划的典型环境）上进行评估时，MuZero 无需任何游戏动态的相关知识，就能与游戏规则完全匹配。

2.4.4 AlphaStar

另一个人工智能体 AlphaStar 于 2019 年登上历史舞台，它挑战的是《星际争霸2》的顶级职业选手。

众所周知，围棋的棋盘上可能出现非常多的情况，所以被称为"千古无重局"，其状态空间复杂度多达10^{48}。每一步可以选择的落点（即动作空间）大约有 300 个。这一数字看上去已经十分巨大，但是还远不及即时战略（real-time strategy，RTS）游戏，尤其是《星际争霸2》。它的状态空间已经不能用数字描述，可以说是"无穷大"，动作空间更是达到了指数级别。除了状态空间和动作空间的巨大，《星际争霸2》的难点还包括不完全信息，以及需要远期计划，另外就是实时性与多主体博弈。

而所谓非完全信息博弈（非完美信息博弈的一个分支表述），就是指不能完全获取所有的游戏信息。这一点在即时战略游戏中以"战争迷雾"的形式普遍存在。游戏里，玩家只能感知获取周围环境的信息，在感知范围之外的一切都被黑雾所笼罩。在围棋中，整个棋盘的信息和对手的每一次落子都会被我方感知，智能体就能通过这些信息计算出最佳策略。在《星际争霸2》中，我们能获取的信息十分有限，唯一的办法是通过侦察手段获得对手的情报，即便如此，智能体也无法第一时间获知对手的每一步动作，这会极大地影响智能体的判断和决策。这是对人工智能的一次巨大挑战。

但《星际争霸2》这样的游戏，更加符合我们的真实生活。如果你把真实的生活看成一场即时战略游戏，从选择大学专业到找工作，你所了解到的信息，永远是你需要知道的决策信息的一小部分，你的对手永远在黑色迷雾里行动。这种黑雾，对你的第一个挑战就是，你要应对永恒的不确定性，即使你有一个比目前水平强大 10 倍的大脑，你依然生活在不确定性的迷雾里，因为它是客观信息缺失造成的。如果过度地渴望精确预测，就可能由于在探测与利用的权衡中偏向一端而"走火入魔"。

而多主体博弈，体现了策略建模的复杂性，我方的最佳策略取决于友方策略、对方策略，以及盟友的策略，还有兵种的相互组合带来的"1 + 1 > 2"的过程等，游戏尽可能地模拟了真实的战争场景。《星际争霸2》的挑战还包括超大的动作空间、超长的游戏长度，而且游戏初期做出的决定会影响最终的成败。但最关键的，相对围棋而言，其最大的技术挑战在于非完全信息博弈，也是它和真实世界最接近、最有价值的地方。

虽然 AlphaGo 具备识别围棋盘面特征的能力，但它只能执行下围棋这项非常单一的任务。正如 OpenAI 的研究员唐杰所言："AlphaGo 不会决定去买个芝士汉堡，然后尝试接管世界。"

AlphaGo 是专门为下围棋而设计的，因此它只具备下围棋所需要的能力，它的一切都依赖于人类。除在对弈过程中识别模式、选择模式的能力外，它无法与瞬息万变的环境互动；除汇总统计数据外，它没有关于过去事件的记忆；除模拟和对手如何走棋之外，它也没有关于未来事件的概念。

一个能够玩即时战略游戏《星际争霸 2》的 AI 要求具备更多与人类智能相关的品质：能寻找做决策所需的信息，能在有时间限制的条件下，以及高低不同层次上做出这些决策——既可以规划具有长期影响的行动，也可以做出闪电般迅速的反应。

早在 2011 年 3 月，DeepMind 的创始人戴密斯·哈萨比斯就提出了 AI 挑战《星际争霸 2》的目标，DeepMind 的研究团队也开始了相关研究。无奈受限于当时的技术，这一目标一直没有实现。

2017 年 8 月，DeepMind 与《星际争霸》系列的制作者暴雪娱乐公司合作，联合发布了他们一直在使用的《星际争霸 2》人工智能研究环境 SC2LE，帮助广大研究人员和爱好者进行研究。除此之外，暴雪还宣布挑选出 10 万份匿名玩家的比赛录像作为数据支撑。

2018 年 6 月，DeepMind 公布了研究的最新进展，它们用关系性深度强化学习在《星际争霸 2》的六个模拟小游戏（移动、采矿、建造等）中达到当前最优水平。终于，到了 2019 年 1 月 25 日，AlphaStar 首次公开亮相，成为第一个打败《星际争霸 2》顶级人类职业选手的 AI。

1. 问题和挑战

《星际争霸》这款经典即时战略游戏，简单来说，是一个类军事对抗的游戏。游戏分为敌我双方，我方玩家作为一个指挥官，需要做以下四件事：

- 指挥手下的军队占领"资源产出据点"，采集"资源"。
- 消耗拥有的"资源"，完成建造"基础设施"、发展"科技"和产出各种"不同能力的军事单位"三项工作。产出军事单位是最终目标，不同的基础设施和科技可以产生不同的军事单位，或为指定的军事单位增加某种能力。
- 双方军事单位交战时，玩家需要实时控制自己军事单位的布局（站位）、攻击目标、攻击形式，以最少损失去消灭敌方尽可能多的军事单位。

● 不同的军事单位存在相克关系，玩家需要不断侦察对手的军事单位和建筑布局，判断对手的生产战略，进而调整自己的指挥策略，以克制对手，为更好达到目的服务。玩家的最终目标是利用自己的军事单位，消灭所有敌方的军事单位和基础设施，从而赢得比赛。

AlphaStar 的目标是训练出一个可以战胜所有可能的策略的最强策略网络。作为一个强化学习的问题，其困难在于：

● 鲁棒性要求高：这是一个有很强的策略与反策略的游戏，学习打败某种策略相对容易，学习一个可以应对多种战术的策略非常难，这件事情无法直接通过简单的自博弈来解决。

● 复杂的感知任务：智能体需要感知的信息有三维游戏世界地图信息、大量的军事单位、每一个军事单位和建筑的属性信息，以及自身的一些资源属性信息。

● 复杂的动作和决策空间：游戏动作维度本身很高，观测信息是部分可知的（无法完全知道对手目前的状态），一场游戏的决策步数非常多，且策略过程非常复杂。

2. 系统建模

（1）结构化建模动作空间

选择动作类型（攻击、行走、建造）→选择执行单位→选择目标→确定下一次动作执行时间。

（2）观测空间

观测空间包括所有可见的单位和其属性信息（考虑"战争迷雾"而不考虑屏幕信息）、小地图信息。整个交互过程如图 2-16 所示。

AlphaStar 获取观测的信息，这些信息有 80 毫秒的延迟；之后，将结构化处理的观测信息传递给决策网络，这个过程有 80 毫秒的延迟；决策网络展开决策，依次输出什么动作类型、谁来执行、哪里的目标、什么时候执行下一次动作，并将该动作传递给游戏的推演引擎，这里有 200 毫秒的延迟；此外，为了约束机器，在 5 秒内只允许执行 22 个动作。

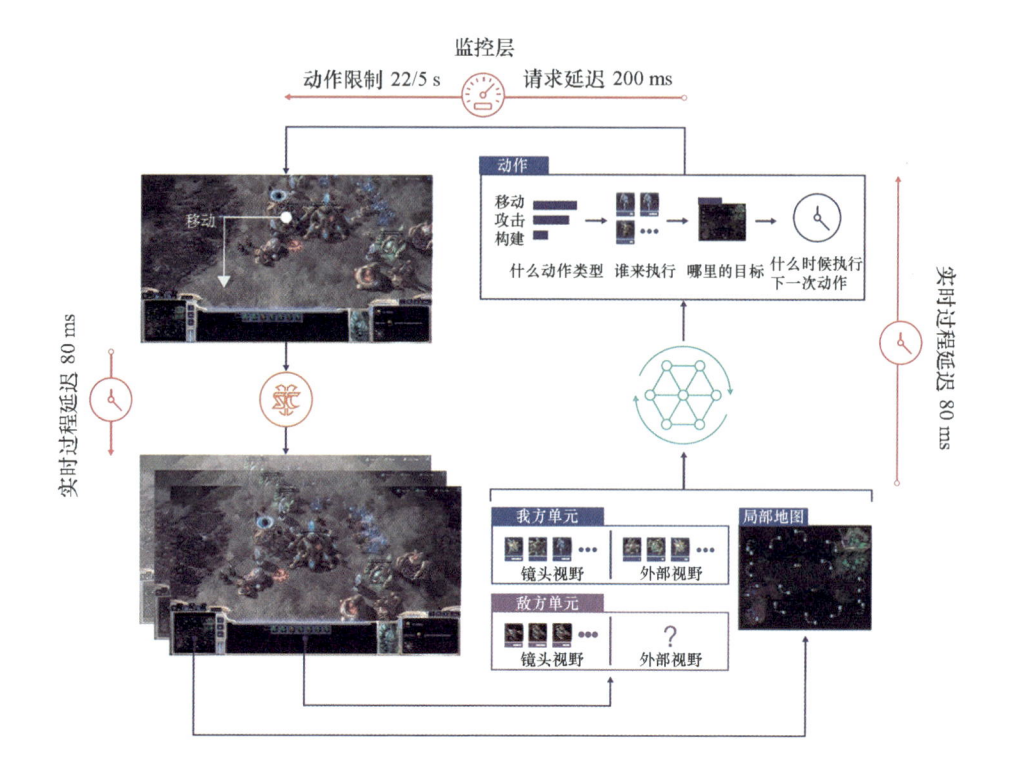

图 2-16　交互过程

AlphaStar 的整体技术路线是：首先监督学习进行预训练，然后强化学习进行后续对抗训练。

3. 意义

《星际争霸》是个足够复杂且具有代表性的游戏，它要求玩家能够处理非完美信息博弈，这与下围棋的 AI 有很大不同。而现实世界中的大多数问题都是非完美信息博弈，因此用来解决这个问题的技术也可以用在其他的复杂问题上，也是打造通用人工智能过程中非常好的试验场。

AlphaStar 让我们看到了 AI 在与真实世界的情况非常接近的背景里所取得的巨大进步。也许在不久的将来，AI 就能学会指挥一场现实世界的战争。但我们也无需恐慌，AlphaStar 真正的贡献是为我们带来了一场 AI 革命，那些新的 AI 技术会很快应用在各行各业，提高我们的生活质量。

但对于 AlphaStar 的胜利，许多人有不同的见解。虽然 DeepMind 声称已经限制 AI 执行超越人类能力的行为，但许多人认为他们并没有做到这一点。AlphaStar 的超人手速是它取得胜利的关键。在比赛中，AlphaStar 在操作速度和精准度上远远超过了人类，这在很大程度上影响了战局。另一个制胜的关键是 AlphaStar 的高精确度，如果把有效操作和无效操作考虑在内，AlphaStar 就更优秀了。人类玩家的每分钟操作次数（actions per minute，APM）中，有很多都是无效操作，这些操作并不会对游戏产生有效影响。考虑了这些因素之后，衡量一个玩家的手速与精确度时，就有了一个新指标，即每分钟全部操作次数（every action per minute，EPM）。如果 AlphaStar 能在没有无效操作的情况下进行游戏，那么这就意味着它的峰值 APM 等于它的 EPM 了。其速度能达到最顶尖的人类选手的 4 倍！但即使 AlphaStar 的 APM 突破了人类范畴，它带来的突破性进展及其背后的意义，也是毋庸置疑的。

2.4.5 小结

从 AlphaGo 揭开人机大战的序幕，利用人类知识和规则做出决策，到 AlphaZero 不需要人类知识，只需要规则就能学习自己的策略，再到 MuZero 在没有人类知识和规则的情况下，通过分析环境和未知条件来进行不同游戏的博弈，到最后的 AlphaStar 在非完美信息博弈中取得成功，人类在 AI 的研发上取得了巨大的成功。但攻克《星际争霸 2》是否意味着攻克了智能？答案是否定的。

自人工智能出现以来，人们对于智能本质是否可描述、可用数学刻画就有不同的观点。观点的分歧导致了两种截然不同的人工智能发展思路，即强人工智能和弱人工智能。前者强调需要弄清楚智能原理，而后者只要造出来的机器能够体现某种智能行为即可，比如下棋、驾驶、翻译、玩游戏等。在弱人工智能中，又可以分为通用和专用。通用是指要让造出的机器体现通用的智能，既可以用来下棋，又可以用来驾驶、翻译和玩游戏；而专用是指对每一种不同的智能行为打造专用的机器，如程序 A 用来下棋、程序 B 用来驾驶等。AlphaGo、AlphaZero、AlphaStar 都属于专用弱人工智能，MuZero 属于棋类通用弱人工智能，而近年新兴的 GPT 系列模型可以进行诸如文本生成、问答和情感分析等任务，属于自然语言通用弱人工智能。由此可以看出，当前的人工智能进展主要面向专用弱人工智能，通用弱人工智能已见曙光，而强人工智能几乎没有革命性的突破。

机器战胜人类，一直在发生，以前有，现在也正在进行，以后还会有更多。从弱人工智能的角度看，人工智能的发展史，就是人类各种智能行为被机器复现并超越的历史。只是这些都是在特定的领域，如西洋跳棋、国际象棋、围棋、问答秀等。暂时来说，还看不到机器在所有领域都能战胜人类的希望。

第 3 章
军事智能博弈

> 一旦技术上的进步可以用于军事目的并且已经用于军事目的，它们便立刻几乎强制地，而且往往是违反指挥官的意志而引起作战方式上的改变甚至变革。
>
> ——恩格斯

  军事智能博弈技术是智能化军事应用的基础和共性技术，是实现指挥控制中作战方案生成、任务规划及临机决策等智能化的关键，同时也是训练模拟、自主集群无人化作战等军事关键领域智能化建设的核心技术基础。2018 年 5 月，斯坦福研究所加入美国国防高级研究计划局（Defense Advanced Research Projects Agency，DARPA），计划用《文明》和《星际争霸 2》游戏训练人工智能，待成功后迁移到现实中执行类似任务，以改进传统的作战模拟训练系统。此外，DARPA、美国空军和海军陆战队等开展的空战演进、"雅典娜"、"指南针"、Next 和 Skyborg 等项目均涉及使用机器智能构建行为模型，对作战实体进行决策支持，通过博弈对抗提高作战实体的快速决策能力。目前，智能博弈对抗技术已成为各国军方关注的重点，为争夺未来智能化战争条件下决策优势开展前期技术储备。

3.1 基本概念

博弈是指多个利益相关方在相互作用的环境中，受一定规则约束，为达到各自目的，依据所掌握的信息并考虑对手可能的行动方案，选择对自己最有利或最合理的策略，以实现利益最大化和风险成本最小化的决策过程。博弈最核心的科学问题是研究多个主体的决策行为，如采用斯坦克尔伯格博弈或马尔可夫博弈等理论对其刻画，并通过数值优化方法求解。

智能博弈是指利用人工智能技术进行博弈问题求解，其核心方法论是利用人工智能领域的搜索和学习技术替代传统数值优化计算，以解决高复杂度博弈场景中的快速求解问题。其中代表性的技术有深度强化学习（AlphaGo）、反事实悔恨最小化（德州扑克 Libratus）、多智能体深度强化学习（AlphaStar）等。

军事智能博弈是指将智能博弈理论和技术应用于复杂军事对抗场景（如"破坏者"Gamebreaker、"智能空战"Alpha AI 与 Alpha Dogfight），生成最佳行为策略或者作战方案。与民用智能博弈技术相比，军事博弈形式更加多样、决策空间更加巨大、信息更不完整（存在信息欺骗）、决策规则更不确定、策略计算时效性要求更高等特点都对当前智能博弈技术提出了挑战，现有智能博弈技术无法直接应用于军事场景。

3.2 基础技术及发展现状

当前深度学习技术在围棋、即时策略游戏等民用博弈场景中取得了突破性进展，然而实际的军事博弈场景在博弈规模和博弈形态上更加复杂和丰富，对当前的智能博弈算法提出了更大的挑战。

在军事人工智能领域中，大规模非完美信息群体博弈目前主要依赖于高算力的策略搜索与寻优,需要消耗大量的时间和算力,缺少博弈策略快速计算理论。

3.2.1 博弈策略计算

博弈策略的计算可以分为基于规则的策略计算、基于搜索的策略寻优、基于强化的策略学习、基于均衡的策略求解等。例如,AlphaGo 以深度强化学习技术为核心,通过蒙特卡洛树搜索算法和强化学习策略评估,在围棋应用中已可以解决完美信息动态博弈,击败人类世界冠军。卡内基梅隆大学研发的 Libratus 在德州扑克 3 人竞技和 6 人竞技等非完美信息动态博弈中,已可战胜人类顶尖高手。而在数十个实体对抗的非完美信息博弈中,主要采用多智能体深度强化学习技术,利用集中式训练、分布式执行机制,对博弈策略进行预学习。目前,OpenAI Five 和 AlphaStar 分别在《刀塔 2》和《星际争霸 2》等即时策略类游戏中战胜了职业玩家。总体而言,国内外在大规模博弈上的策略计算仍处于研究初期。

3.2.2 微分博弈

微分博弈起源于军事需求,在军事领域拥有广泛的应用(如空中格斗、导弹拦截)。该类博弈的特点是博弈双方均受微分方程的约束,其精确的均衡策略理论上可以通过求解偏微分方程得到。然而,在复杂的军事领域中该偏微分方程的精确解难以得到或不存在。目前对于这类问题,现有理论多是基于简化的机理建模方法和近似动态规划的学习方法。这些方法只能解决部分简单的二人微分博弈问题或极少数的简易多人微分博弈问题。而真实作战场景中的微分博弈往往是二人微分博弈和大规模多人微分博弈场景,现有的理论无法满足其均衡策略的求解,因此还需要深入研究。

3.2.3 群体协同

在军事活动中,如地空协同目标打击等本质上均可以归结为自主协同问题，现阶段该方面存在智能系统群体交互能力弱、群体协同效率低、自主能力不够等问题。在复杂任务的异构群体博弈对抗过程中，各主体间与集群间如何自主交互与协同，是群体智能博弈的重要研究内容。目前，大规模群体交互协同博弈学习优化能力不足，如何构建多体协同和交互驱动的演进式群智决策系统，实现博弈过程中复杂问题的求解和智能决策，还有待研究。

3.3 现有系统架构及技术水平

随着深度学习、强化学习等技术的不断发展，涌现了一批诸如 Alpha AI、AlphaStar 等智能博弈技术应用成果，为解决传统任务规划专家经验依赖性强、方法泛化性和系统适应性不足、应对不完整信息的能力弱、动态临机调整困难等指挥控制领域难题提供了一种新的解决方案。下面以这两类系统为例介绍其基本技术架构。

3.3.1 Alpha AI 空战博弈

Alpha AI 是美国辛辛那提大学旗下 Psibernetix 公司开发的人工智能飞行员，它将充当配合空军机长执行任务的僚机的智能飞行员。2016 年 6 月，Alpha AI 多次击落了美国空军战术专家驾驶的模拟战机。

在过去的空中模拟格斗中，研发人员故意让 Alpha AI 处于劣势地位，比如限制了战斗机飞行速度、武器装备以及战斗机的作战能力，但是 Alpha AI 仍然能够击败人类飞行员。据悉，和人类飞行员相比，Alpha AI 在空中格斗中快速协调战术计划的速度快了 250 倍。

在 Alpha AI 连续击落了其他人工智能飞行员的战机后，美国空军的战术专家李吉恩上校，决定向 Alpha AI 挑战。他跳进了一台飞行模拟器，和 Alpha AI 进行空中厮杀（图 3-1）。李上校毕业于空军战斗机武器学校，当过空军武器学校教官和预警机任务指挥官，现在是美国退役空军上校。他有数千小时的飞行经历，飞过多种机型，曾经培训了数千名美国空军飞行员，具有丰富的空中战术经验。李上校的对手是 2015 年 10 月份推出的最为成熟的 Alpha AI。从 20 世纪 80 年代开始，李上校就一直和人工智能飞行员进行空中格斗。尽管如此，此次李上校和 Alpha AI 进行了多次格斗后，仍然没有一次获得胜利。

图 3-1　退役空军上校在空战仿真器中与 Alpha AI 进行空战

李上校说："它的感知和反应能力令人震惊，瞬间就能对我的动作和导弹发射情况做出反应。它知道如何摆脱导弹，一转眼就能从防御转入进攻。"

Alpha AI 目前主要是作为一种智能敌对力量，供飞行员在 AFSIM（advanced framework for simulation, integration and modeling，模拟、集成和建模的高级框架）仿真环境中进行训练。该仿真环境用的模拟器起初是波音公司的产品，用于模拟空中交通，然后被美国空军连源代码一起买下，并增加了武器、传感器、电子对抗等作战内容的数据。

在训练和对抗过程中，Alpha AI 控制的飞机，只能得到模拟器生成的己方数据，附带故意添加的信号噪声、硬件故障等仿真内容；此外，Alpha AI 无法获得人类一方的数据，连人类的飞机数量都不知道，要靠模拟器生成雷达信号来获知。所以，Alpha AI 纯粹是在战术和机动上赢了人类，而不是"开后门"。

在实际的训练中，Alpha AI 会从系统中获取大量当前以及历史数据，包括所有已知飞机的位置、速度和加速度状态、估计的导弹射程数据、每个平台的可见性和敌方平台的射击数量等。Alpha AI 目前拥有控制每架飞机的运动和发射的能力，并计划在未来的工作中控制更复杂的传感器。

Alpha AI 主要采用遗传模糊决策树的方法，与标准的遗传模糊系统不同，这里使用遗传算法和其他学习系统来同时训练模糊决策树。图 3 – 2 是模糊决策树的示意图，模糊决策树会包含众多模糊推理系统（fuzzy inference system，FIS），而每个模糊推理系统都是一个"如果 – 则（if-then）"规则。通过将最上方的输入数据输入每一条模糊规则中，即可得到不同的决策结果，进而层层递进，直至最后输出控制动作，完成整个决策流程。

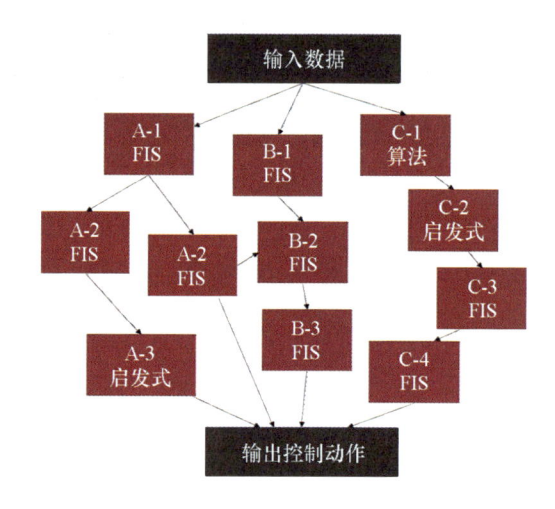

图 3 – 2　模糊决策树示意图

之所以使用模糊规则，是因为在现实生活中，精确逻辑难以描述和处理许多模糊性对象，例如"今天可能下雨"中的"可能"就难以使用精确逻辑来描述。因此，1965 年美国加州大学教授拉特飞·扎德（Lotfi Zadeh）首先提出了模糊逻辑和模糊集合的概念。模糊逻辑被用来对模糊性对象进行精确描述和处理。模糊逻辑是指模仿人脑的不确定性概念判断、推理的思维方式，利用"隶属度"这一概念来精确地刻画元素与模糊集合之间的关系。也就是说，"今天可能下雨"中下雨的可能性用一个程度来表示，从而精确地描述了这个原本不确定的概念。

在模糊数学理论体系下，模糊规则的通常格式为"if 规则条件，then 规则结论"，这种规则定义了输入和输出之间的映射关系。其中，规则条件描述对象的当前状态，而规则结论决定了此条件如何影响对象。举例来说，假设有一条模糊规则"如果导弹发射可靠度适中且任务命中精度非常高，则发射导弹"，那么"导弹发射可靠度适中"和"任务命中精度非常高"就是规则条件，"发射导弹"就是规则结论。其中，导弹发射可靠度和任务命中精度是变量，适中和非常高都是模糊集合。如果想得到规则的结论，需要先计算每个规则条件的真实值 T，然后对这些真实值使用计算操作子，即可得到"发射导弹"这条模糊规则结论的偏好水平：

$$p = \min(T_1, T_2) = \min[\mu_A(x_0), \mu_B(y_0)]$$

式中：x_0 和 y_0 分别为变量 X 和 Y 的观测值；T_1 和 T_2 为规则条件导弹发射可靠度和任务命中精度的真实值，因为规则条件使用"且"连接，所以这里计算操作子取最小值。

使用模糊决策树技术有一个关键优势就是它设计灵活且易用。因为它可以将一个复杂的决策问题简化为一系列模糊规则，使得求解空间大大缩小，并很容易地嵌入其他算法或系统中。另外，由于模糊规则具有可导性，因此也更便于更新训练。

Alpha AI 就是使用遗传算法训练模糊决策树，通过从专家知识中吸取经验，如专家战斗机飞行员的理论和教导，结合遗传算法充分学习优化模糊决策树，进而获得更加完善的决策能力。Alpha AI 的训练是在一台 500 美元的消费级电脑上完成的，对手则是各种随机版本的空战基准 AI 和多个人类飞行员，在这个过程中，人类使用了各种奇怪的招数去考验 Alpha AI，包括拖时间、怪异的不合理飞行动作以及自杀机动等。

图 3-3 是一次对抗案例（案例 1）的初始态势。Alpha AI 控制的红方拥有 4 架战斗机，人类控制的蓝方拥有 2 架战斗机。红方的飞机在海岸线展开防御，蓝方的飞机在正西 54 海里（1 海里 = 1852 米）处。蓝方的每个平台上有 4 枚远程导弹和 4 枚短程导弹，而红方的每个平台上只有 4 枚中程导弹。红

方的长程雷达可探测范围是±70°方位角和15°仰角，蓝方的预警机位于蓝方战斗机的西北方向。从红蓝双方的力量对比来看，Alpha AI 控制的红方飞机，比蓝方部队的飞机射程更短，导弹有效载荷也更少；在预警指挥能力方面，红方也没有机载预警与控制系统支持，而蓝方则拥有360°远程雷达覆盖以及预警机；双方的飞机在机械性能方面是相同的。虽然 Alpha AI 拥有自己系统的详细知识，但是对蓝方部队的先验知识了解很少，必须依赖其机载传感器对蓝方部队进行态势感知，甚至也不知道敌对势力的数量。

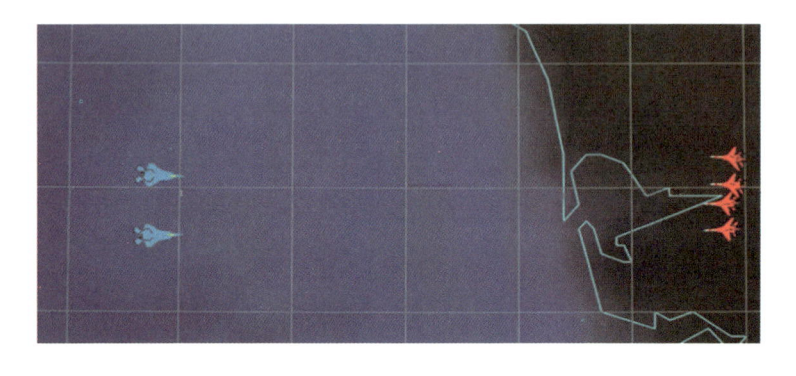

图3-3　对抗案例（案例1）的初始状态

在这个对抗案例中，Alpha AI 展现出了高超的钳制战术，如图3-4所示，这个策略的流程分为三个不同的阶段。最北侧的 Alpha AI 为 WOLF-1，最南侧的为 WOLF-4。在第一阶段，Alpha AI 通过让 WOLF-1 和 WOLF-4 爬升高度，并以相反的广角接近蓝方，来占领侧翼。WOLF-2 和 WOLF-3 降低速度，爬升高度，保持与来袭蓝方的距离。第二阶段开始于 WOLF-1 发射中程导弹以唤起对蓝方的防御反应，但这并没有真正杀死目标的意图。在这种情况下，蓝方必须进行规避机动，否则将被击中。如果红方先发制人，成功做到这一点，则蓝方将失去最佳逃跑路线。此时，进入第三阶段，WOLF-4 会发射2枚致命的导弹，击毁蓝方全部战斗机。

在另一个案例（案例2）中，蓝方率先攻击，阻止了红方获得早期优势位置。这次任务时间更长，分为六个阶段。

第一、二阶段如图3-5所示。在第一阶段，BLUE-1 和 BLUE-2 同时

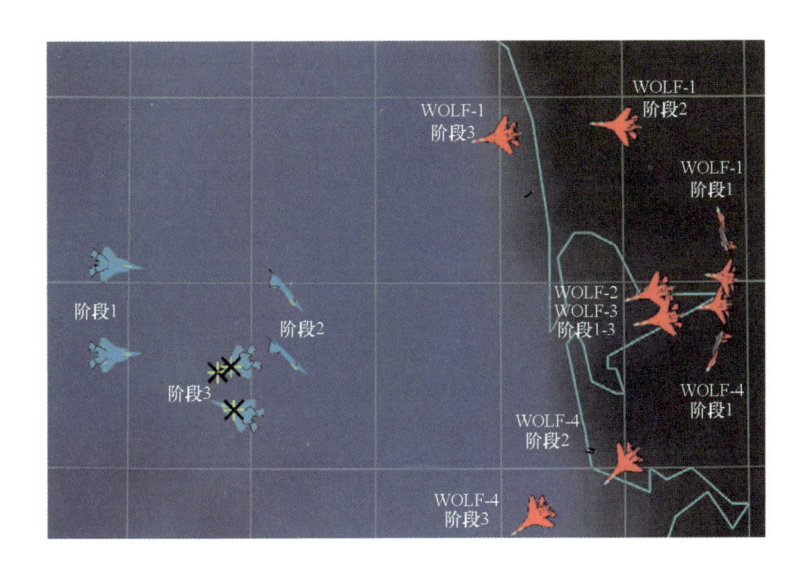

图 3-4 Alpha AI 钳制战术

向红方的 4 架飞机发射了导弹，红方则各自躲闪蓝方发射的远程导弹并散开。之后，蓝军 2 架飞机分开，BLUE-1 向北进发，向 WOLF-1 发射了一枚导弹，并准备进攻最北端的 WOLF-2，BLUE-2 则保持正面进攻，驱散其他红方飞机，并准备进攻 WOLF-3。

第三、四阶段如图 3-6 所示。BLUE-1 北上追击 WOLF-2，而 BLUE-2 设法近距离射击 WOLF-3，但由于追击过于深入，给 WOLF-4 攻击 BLUE-2 创造了条件。此时，WOLF-4 趁 BLUE-2 追击 WOLF-3 的时候，转头向 BLUE-2 发射了一枚导弹，BLUE-1 得知 BLUE-2 陷入危险，放弃攻击 WOLF-2，转头救援，而 BLUE-2 受到攻击，被迫放弃攻击 WOLF-3，开始躲避。而此时的 WOLF-2 则开始转头，截断蓝方飞机的逃脱路线。

在第四阶段结束的时候，红方飞机已经取得决定性优势，蓝方飞机已经从开始的攻击转入了完全的防御。

在第五阶段，WOLF-4 发射了第二枚导弹，击毁了逃跑中的 BLUE-2，在第六阶段 WOLF-2 则在远处挡住了 BLUE-1 的逃跑路线，并将其击毁，如图 3-7 所示。

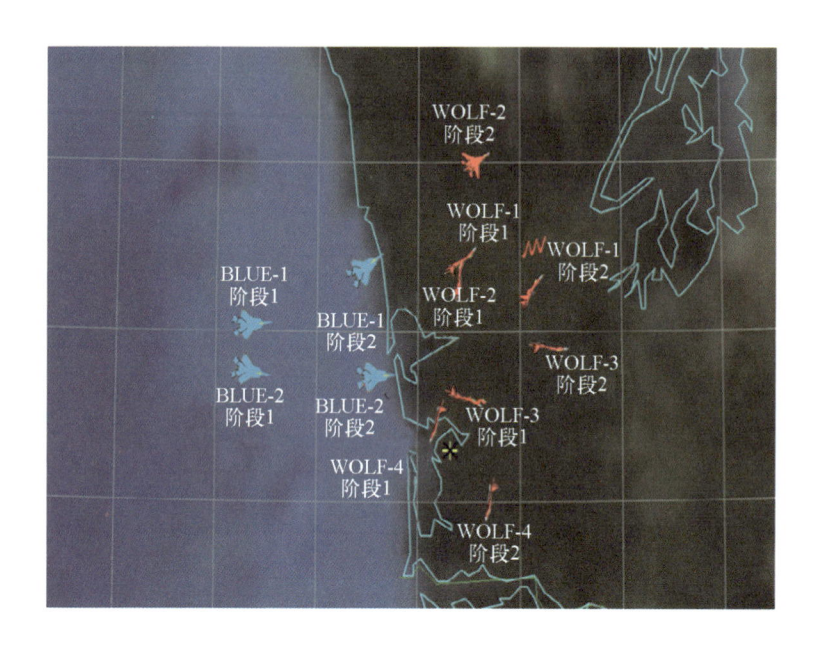

图 3-5 案例 2 中第一、二阶段示意图

图 3-6 案例 2 中第三、四阶段示意图

图 3-7 案例 2 中第五、六阶段示意图

3.3.2 即时战略游戏博弈

即时战略（RTS）游戏可以看作战争博弈系统的初级版本，DeepMind 已经用 AI 技术挑战《星际争霸 2》，阿里巴巴的多智能体双向协调网络（BiCNet）实现了《星际争霸》游戏中的智能战术级协同。

RTS 游戏是一类与战争博弈较为接近的游戏。较为经典的 RTS 游戏如《红色警戒》《星际争霸》《魔兽世界》《帝国时代》等，基本都是以战争博弈为主题。与兵棋相比，RTS 游戏是一种非回合制的游戏，多个玩家可以同时操控，游戏以 24 帧/秒的速度实时、连续执行，玩家必须快速做出决策和控制，如图 3-8 所示。RTS 游戏中也引入了非完美信息问题，玩家必须通过侦察行动才能了解地理环境和对手的信息。与围棋 10^{172} 的复杂度相比，RTS 游戏的复杂度达到了 10^{1685} 甚至更高。与战争博弈对抗非常类似，RTS 游戏中也有作战单元的战斗行为规划、机动路径规划、协同配合战术规划等战术级决策问题，以及基地和工事的建造、战场环境的侦察、兵力的部署和投送等战略战役级决策问题。因此，RTS 游戏可以视为战争博弈系统在民用领域对标的一块研究内容，其中的很多方法可供借鉴。

DARPA 展望未来战争就像视频游戏，目前正在通过计算机游戏来训练未

图 3 - 8　RTS 游戏画面

来的军事战略家。其下属的国防科学办公室发布征求多分辨率的互动创新军演模拟软件的信息，旨在用可升级扩展的互动游戏、战争游戏的方法，利用虚拟时空的广度和跨度，对竞争结果和策略使用进行评估。DARPA 希望利用电子军事游戏来提高军事指挥官在作战中的战略意识，尤其是有众多玩家参与的环境，包括可扩展的互动游戏和战争游戏。

征集电子军事游戏的目标是提高国防部的军演水平。DARPA 希望游戏可以提高人的决策能力，考量和预估"如果我们这样做，他们那样做，会发生什么"等问题。在游戏复杂场景下人们将全盘考虑未来第二、第三和第四阶段的后果。

DARPA 寻求的视频游戏主要在三个领域，即建筑、游戏构建、游戏与人工智能的结合。DARPA 举例称《文明》视频游戏系列以战略为重点，而第一人称射击游戏代表战术。DARPA 感兴趣的游戏侧重于不同角色和新技术对战略决策和作战战术的影响，尤其是总统和其内阁的全方位军事决策，以及最高军事指挥官的作战决策。

在协议文件中，DARPA 声称"在作战级别的游戏中开发无人蜂群来攻击对手、保障部队供应或提供通信都具有战略和战术意义"。实际上，DARPA已经在国防部军演部队和模型模拟部队推广视频游戏。军事演习通常用于战术和决策，而模拟作战则侧重于军演表现和训练，但这两种部队尚未将人工智能应用在军事训练中。下一步，DARPA 将要求商业视频游戏企业把所有这些因素和组件融合起来。视频游戏不应该仅限于地面上眼前的情况，玩家还应该考虑如何对资源、技术和交易等进行控制和决策，以及如何优化配置部队兵员。重点应该是在"决策层"，因为指挥官负责整个团队的行动，影响整个战场走势。"电子游戏如《文明》系列添加了基于地图和贸易的进步技术和资源预测，但这些进步对冲突的影响如简单的'剪刀石头布'。"DARPA 认为，"一个玩家大本营，可能不仅代表具有战略场景的战果，还要考虑细微的技术进步对战略选择和战争结果的影响"。例如，一个游戏包括在哪里部署无人机蜂群攻击敌人或提供通信链路，反过来，可以根据对手的情况或地面部队的配置改变军事决定。基于该领域的变化和信息，玩家可以考虑到所有这些因素，如是否继续或退出、供应的交付是否是必需的，如果无人机侦察收集到其他数据，那么如敌人运动或平民的存在，都需要进行考虑。

除了游戏本身，DARPA 还希望玩家能够挖掘数据库的过去和现在的战术，保持军事游戏的"平衡和愉悦"。

游戏，更准确地说，模拟场景对于人工智能的研发来说是一个非常理想的平台，对人工智能技术走向实际应用有着不容忽视的推动作用。目前，DeepMind、微软、Facebook、OpenAI 等都在研究如何通过游戏场景训练 AI。他们认为智能应该完全从经验中进行学习，"可以肯定的是，机器'眼中'的游戏和人类所理解的游戏是不一样的，在这种虚拟与现实之间，'智能'会真正产生"。

RTS 游戏中 AI 的研究已经较成体系地开展了许多年，积累了较大规模的博弈对抗样本数据，形成了用于探索、研究、测试各种 AI 模型算法的标准平台和各种开源的测试软件，还有各种频繁举行的竞赛活动，已经形成了非常好的研究和实验生态。

RTS 游戏领域中的 AI 已达到了较高的技术水平。阿里巴巴的 BiCNet 已经学会了避碰协调移动、打跑结合、掩护进攻、集火攻击、跨兵种协同打击等人类常用的协同战术，如图 3-9 所示，加上计算机精细的微操作控制，使它已不逊于人类顶尖玩家，未来在人机对战中获胜指日可待。

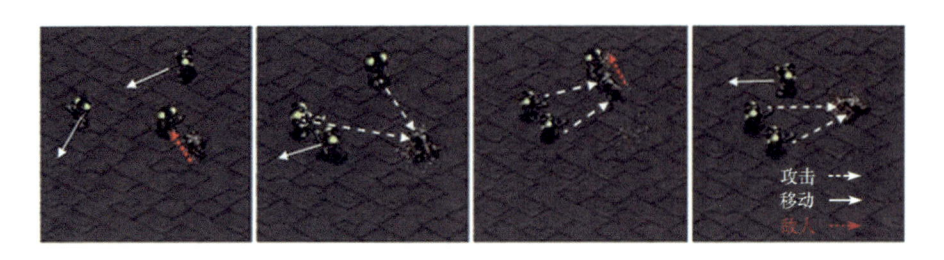

图 3-9 阿里巴巴的 BiCNet 已学会 4 种人类战术

鉴于 RTS 游戏与真实战争的相似度，其 AI 的发展对开展智能战争博弈对抗技术研究具有一定参考价值。

在 AlphaZero 取得围棋领域的胜利之后，DeepMind 公司将重点放在了更加贴近现实世界决策的即时战略游戏《星际争霸2》上，并研制了 AlphaStar 系统，其得分超过了 99.8% 的人类玩家。

AlphaStar 是一个把游戏看作长序列建模学习任务的强化学习智能体。模型接收的数据是单位列表和这些单位的属性，经过神经网络计算后，输出游戏指令。这个神经网络的基础是 Transformer 网络、深度长短时记忆（long-short time memory，LSTM）网络、指针网络以及一个中心化的评分基准。

AlphaStar 的初始训练策略与早期的 AlphaGo 相同，DeepMind 的研究人员首先用人类比赛的回放数据对模型进行监督学习训练，以模仿学习的思路让模型快速学习到高水平玩家在《星际争霸2》天梯中使用的基础策略和微操。这时候的 AlphaStar 能够以 95% 的胜率打败《星际争霸2》内置的"精英"级别对手。

不同于 AlphaGo，AlphaStar 采用了不一样的自我对弈方式。AlphaGo 自我对弈阶段的棋局是由之前表现最好的一个版本生成的，也就是说，每一时刻都存在一个"最好的版本",且不断寻找比它还要好的版本并进行替换。但对于《星际争霸2》,DeepMind 的研究人员认为不同的优秀策略之间可能是相互克制的,没有哪一个策略是可以完胜其他所有策略的。所以,这次他们的做法是分别更新、记录许多个不同版本的网络(合称为 AlphaStar league)。

AlphaStar 在人类数据上初始训练后,继续进行多轮 AlphaStar league 中的自我对战,而每轮都会在之前数个比较强的版本基础上进行分叉,分叉前的版本会被固定参数保留下来,一直参与后续的多轮自我对战;不同版本也可能会被人工安排不同的对战策略和学习目标。这样,在不断提高对战难度的同时,也保留了足够的多样性。根据每轮自我对战的结果,每个网络的参数都将进行更新,这种做法来自群体强化学习的思想,保证了持续稳定的表现提升,而且新版本也不会"忘记"以前如何击败其他对手的经验。

群体自我对弈的过程中可以产生许多不同的策略,有一些策略仅仅是对早期策略的细微完善,也有一些策略会含有全新的建造顺序、单位组合、微操模式。比如在 AlphaStar league 自我对战的早期,快速 rush 的策略(极端、凶狠的强行进攻战术)有较高的胜率;但随着训练过程持续,其他的策略开始展现出更高的胜率,比如用更多的工人快速扩大基地,获取更多的资源后建立经济优势,或者用几个兵去对方的基地骚扰,获得发展速度的优势。这种策略的更替演化也和人类选手们数年中的摸索之路非常类似。

多轮自我对战结束后,研究人员会从 AlphaStar league 中的纳什分布采样出一个版本,以此获取当前各种策略的综合最优解,并作为训练结束后最终得到的智能体。

为了让 AlphaStar league 中有尽量高的多样性,研究人员特意为不同的智能体设置了不同的学习目标(这也符合常识,简单的随机扰动带来的多样性变化是非常有限的)。有的智能体要专门针对击败某个特定的智能体进行学习,或者为另一些智能体设定额外的内部动机,比如具体地通过建造某种单位来击败所有使用某类策略的智能体。这些目标会在训练过程中不断调节。

在 AlphaStar league 的自我对战中,每个智能体的网络权重都会根据强化学习算法更新，优化各自不同的学习目标。权重更新规则来自一种新的、高效的策略离线 Actor-Critic 算法，其中含有经验重放、自我模仿学习和策略蒸馏的思想。

为了支持大批不同版本 AlphaStar 智能体的对战与更新，DeepMind 构建了一个大规模可拓展的分布式训练环境，其中使用了最新的谷歌 TPUv3，这个训练环境可以支持成群的 AlphaStar 智能体实例同时运行。AlphaStar league 的自我对战训练过程用了 14 天，每个 AlphaStar 智能体使用了 16 个张量处理单元（tensor processing unit，TPU），最终相当于每个智能体都有长达 200 年的游戏时间，但模型一旦训练好，将只需要单个商用图形处理单元（graphics processing unit，GPU）作为算力支撑即可运行。

3.4 军事智能博弈的挑战

不同于《星际争霸 2》等即时战略游戏，军事对抗博弈对人工智能技术提出了更大挑战。以基于兵棋推演的智能任务规划为例，智能博弈技术在军事方面的应用具有以下八个突出挑战：

一是非完美信息博弈过程更强调谋略对抗。与棋类博弈不同，兵棋与《星际争霸 2》等 RTS 游戏均存在"战争迷雾"，玩家只能观测到己方活动单元附近的敌方单元信息。但兵棋对抗更强调现有兵力下的调度运用，更突出如"隐真示假""欲擒故纵"等具有战争艺术思维的谋略对抗。

二是状态空间更突出数据分析。从状态空间大小看，《星际争霸 2》（10^{5000}）与兵棋（10^{2000}）在规模上均远超围棋（10^{172}），因而训练难度极大。与此同时，二者态势数据还存在结构差异，《星际争霸 2》状态空间主要以图像、实体属性、统计量等三类信息描述，而由于多数兵棋仿真引擎推送的数据更接近实战态势数据，兵棋态势主要以实体属性、统计量等数据类信息来表示，缺少了形象化的空间结构信息，因而对智能体态势分析提出了更高要求。

三是动作空间更注重结构化控制。与棋类游戏相比,《星际争霸2》需要确定动作指令的主谓宾语的内容。兵棋在动作空间维度上虽与《星际争霸2》差异不大,但任务空间在主谓宾结构上增加了任务条令的设置内容,且需要在任务执行前完成用弹规划,因而动作结构复杂性更高。

四是博弈实体规模更大。与《星际争霸2》博弈具有实体数额上限(200)不同,基于兵棋的一次中等规模的战役背景下的对抗想定中,实体数目一般在数千以上,在数目上极大地增加了实体间的协同控制难度,因而对智能体算法提出了更高的要求。

五是决策持续时间更长。《星际争霸2》一次对抗持续时间一般在30分钟以上,玩家需要做出数以千计的决策。而兵棋一次推演仿真时长一般在1.5~3小时,玩家需要做出数倍于《星际争霸2》玩家的决策才能最终确定胜负,因而训练数据更加稀疏。

六是多方策略博弈更多元。与双人对弈的棋类游戏相比,《星际争霸2》可供多方进行对抗,而兵棋博弈是在此基础上支持敌、我、友、民多方的力量仿真,在此基础上的战略博弈更为复杂。

七是循环策略博弈更多样。与《星际争霸2》相同,兵棋的策略集中不存在特定最优策略,其中不同策略在训练过程中相互克制,最终形成一个个闭环的策略压制关系。因此,二者在训练过程中,无法简单使用自博弈方法。同时,由于兵棋中想定场景更为多样,除多实体协同规划外还涉及弹药规划等问题,兵棋的循环策略博弈的闭环分析难度更大。

八是人类专家数据更稀缺。《星际争霸2》属于国际范围内流行的竞技博弈游戏,服务器端有数十万局专业玩家数据供智能体模仿学习。而兵棋专业性强、普及度低,不具备使用大量人类专家数据对智能体进行训练的条件,因而更强调算法对现有专业知识的抽取与运用。

• 名词解释

兵棋（war game）是供沙盘或图上作业使用的军队标号图形和表示人员、兵器、地物等的模型式棋子。一款兵棋通常包括一张地图、推演棋子和一套规则，通过回合制进行一场真实或虚拟战争的模拟。从第一次世界大战开始，兵棋模拟逐步被应用于实战中，在模拟军事部署、战斗进程和预测战争结果方面发挥了重大作用。当前，兵棋和计算机仿真技术深度融合，推演者可充分利用统计学、概率论、博弈论等科学方法，对战争全过程进行仿真、模拟与推演，并按照兵棋规则研究和掌握战争局势，进而进行指挥决策。

3.5 任务级兵棋智能博弈技术

3.5.1 任务级兵棋智能博弈技术框架

任务级兵棋智能博弈技术框架如图3-10所示，完整的博弈决策过程主要包含以下三个步骤：

第一步：态势信息分析。

态势信息分析指将兵棋仿真引擎推送的整体态势数据按以下三类信息整编处理：地图信息，即主屏幕中的态势地图，主要描述当前态势下敌我双方各实体的空间位置；实体信息，主要包括当前实体的航速航向等运动信息、经纬高等位置信息、作战任务条令与电磁管控条令信息、武器挂载与油耗余量信息等，主要描述当前各实体的状态特征；全局统计信息，主要包括作战时间进程、敌我双方各类实体损耗数目、各类弹药消耗数目、评分值等，主要描述当前战场全局的整体进度与敌我双方的力量对比。

以上三类信息进行综合处理后，直接作为智能体对当前状态的观测值，

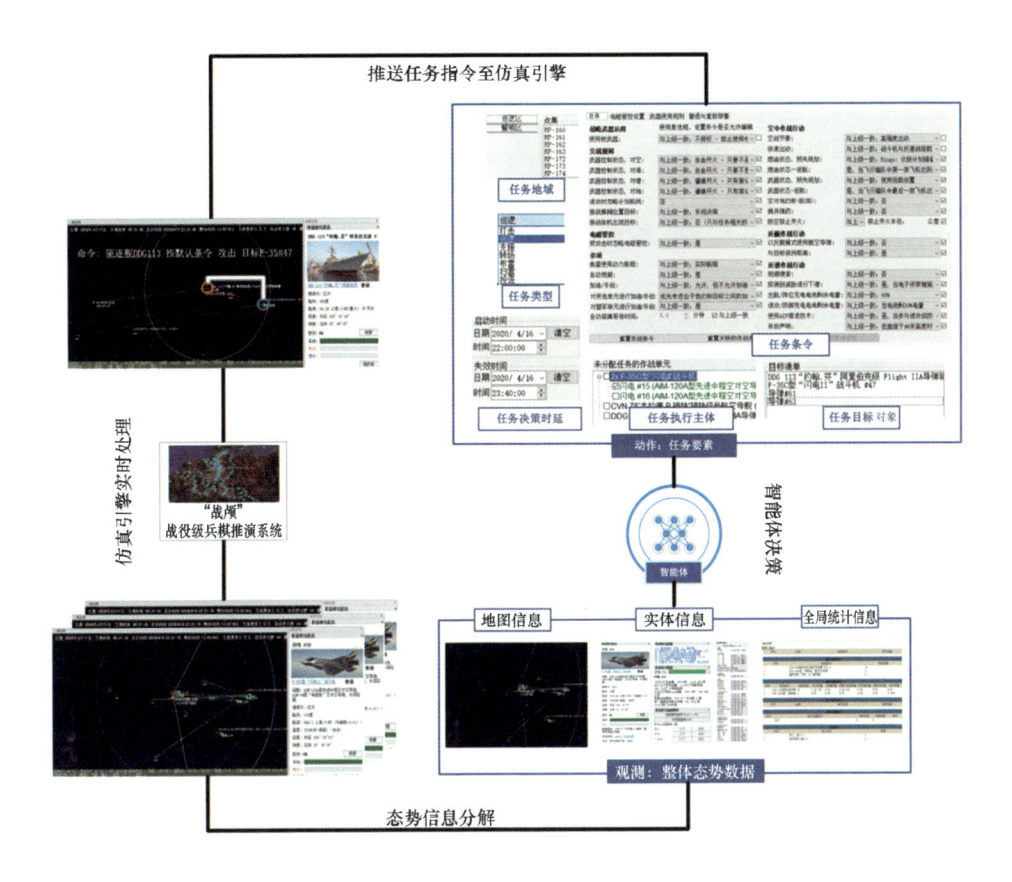

图 3-10　任务级兵棋智能博弈技术框架

以支撑智能体决策。

第二步：任务指令生成。

智能体依据当前状态的观测值和自身策略生成所属实体需要执行的任务要素，主要包括任务类型、任务地域、任务执行主体、任务目标对象、任务条令、任务决策时延等六类信息要素，最终转化为任务指令并发送至兵棋仿真引擎。

第三步：环境实时推演。

兵棋仿真引擎接收智能体发出的任务指令后，进行实时推演，形成新的态势供智能体分析，并进入下一轮决策循环。

基于以上三个步骤进行循环迭代，实现智能体在任务级兵棋上的决策，从而产生大量仿真数据。在此数据基础上，智能体不断更新自身神经网络参数，实现策略的不断优化。

3.5.2 任务级兵棋智能策略生成优化框架

任务级兵棋智能策略生成优化框架如图 3 – 11 所示，其中绿色代表网络输入，蓝色代表网络模型，红色代表网络输出，黄色代表执行动作。该框架

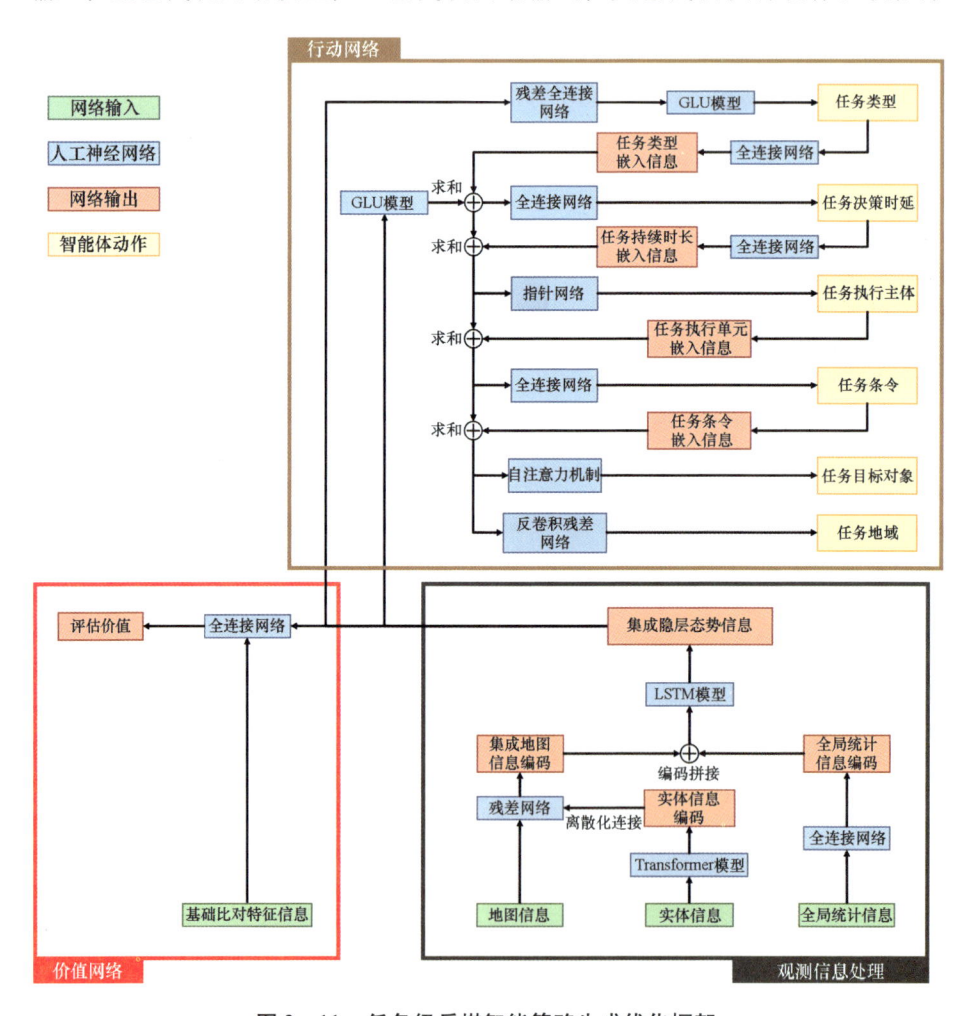

图 3 – 11 任务级兵棋智能策略生成优化框架

主体参照 A3C（asynchronous advantage actor-critic）算法进行设计，由观测信息处理、价值网络与行动网络三个模块组成。

● 观测信息处理模块

该模块主要作用是压缩当前时刻中地图、实体以及全局统计三类信息，并最终得出综合多帧态势的时序化状态信息。实现方法是分别利用残差网络、Transformer 模型、全连接网络对地图类、实体类、全局统计类信息进行编码，离散连接（scatter connection）与拼接操作后形成单帧态势信息，再经 LSTM 处理转化为时段内集成隐层态势编码（integrated hidden layer situational encoder）供价值网络评估与行动网络决策使用。

● 价值网络模块

该模块主要作用是评估当前状态价值，以供行动网络学习优化。其结构相对简单，主要依据集成隐层态势编码与基础比对特征值，经全连接网络后得出状态价值。需要说明的是，此处基础比对特征值指当前状态下一个或多个统计值向量与历史数据均值向量之差，如当前智能体拥有的主力装备数目与历史赛事中均值的差值。

● 行动网络模块

该模块主要作用是生成任务指令。该模块采用了多头输出结构，不同任务要素参考了不同信息，并使用了不同的神经网络。其中，任务类型主要使用了具有残差连接的残差全连接网络与门控线性单元（gated linear unit, GLU）；任务决策时延与任务条令主要使用了结构简单的全连接网络；任务执行主体使用了可解决组合优化问题的指针网络；任务目标对象使用了适于寻找关注点的自注意力机制；任务地域使用了适于图像处理的反卷积残差网络。

以上框架只适用于训练单一策略的智能体，无法应对循环策略的学习。因而，还需要进一步引入相对完善的多智能体训练机制，使之快速收敛于一个相对完善的策略，同时也能"记住"特定策略的应对方法，从而破解智能体循环策略训练难题。

3.5.3 任务级兵棋多智能体策略协同演进框架

任务级兵棋多智能体策略协同演进框架如图 3-12 所示，其完整展现了任务级兵棋智能决策中的知识流动过程，主要分为以下五个阶段：

（1）专家知识规则化

人类专家依据特定场景，结合自身经验知识，设计多个不同风格水平较高的规则智能体，将专家知识转化为可复用的程序，用于后续智能体学习。

（2）规则知识参数化

针对不同风格的规则智能体设置初始特定开拓器（initializing specific exploiter，ISE）进行监督学习，将规则智能体中的知识提炼到特定网络之中，固化为网络参数。与此同时，专家还针对相关策略进行标注，依托需求元模型框架方法引导不同决策风格的 ISE 快速收敛。

（3）网络参数初始化

将本次博弈训练的主智能体与不同决策网络的 ISE 智能体展开对抗，使其训练伊始即可应对多种不同风格策略，并通过博弈不断提升稳定性，形成性能相对较高的初始化参数。

（4）初始参数最优化

在初始化参数版本主智能体的基础上进行自博弈，基于训练营机制（training league）生成针对特定策略的特定开拓器、博弈水平相对较高的演化开拓器、博弈水平相对较低的自适应演化开拓器对主智能体进行训练，并使用训练营开拓器不断查找训练营中的策略漏洞，从而保证训练营策略不断丰富，主智能体策略持续演进，实现博弈知识的自我发现，达到并超越人类专家水平，并生成最终参数版本的主智能体。

（5）参数知识抽象化

使用最终参数版本的主智能体再次与人类专家进行博弈，基于智能算法的优异表现展开定性分析，辅助人类专家修正自身策略中的盲点，启发专家改进并完善自身策略，从而再次将智能体的知识转化为抽象思维。

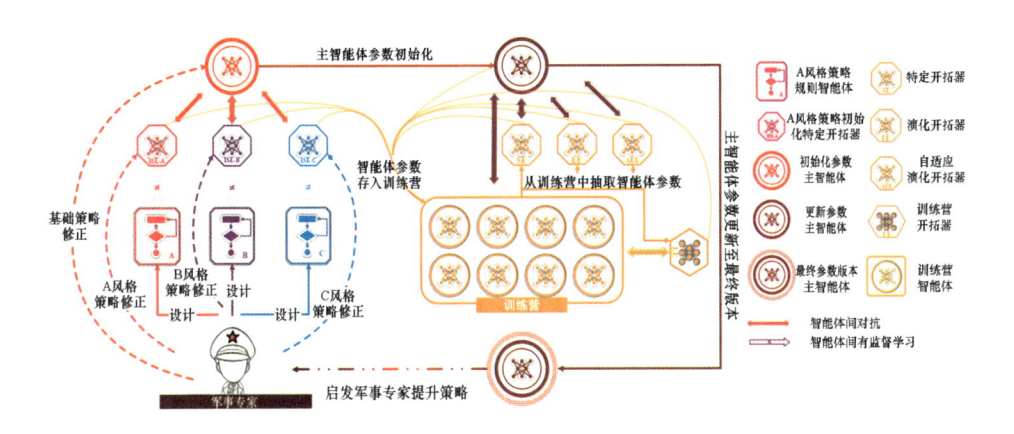

图 3-12　任务级兵棋多智能体策略协同演进框架

任务级兵棋多智能体策略协同演进框架揭示了智能决策研究的本质，即通过打通人类专家与智能算法间的知识循环，最终提升人类专家对相关问题的认知理解能力。

在关键技术方面，任务级兵棋多智能体基于智能系统工程思想，融合知识推理、监督学习、半监督学习、集成学习和强化学习等一系列方法，构建智能认知和智能决策模型，充分利用作战规则、条令条例、战区处置规范等半结构数据，构建知识图谱和规则集，突破大规模知识推理等技术，实现可解释的态势认知。利用人人对抗产生的优质数据和机机自打产生的大数据进行智能博弈模型的自学习和自演进，融合传统运筹规划方法和基于学习的方法，实现算法的高效训练。

3.6　对抗案例说明

依据上述任务级兵棋智能博弈框架，某单位研制了"战颅"系统，应用于全国兵棋推演大赛，蝉联了2019、2020两届冠军。下面以部分对抗场次为例，说明机器通过自博弈训练，学习到的任务规划能力。

3.6.1 小场景空战

图 3-13 中的场景选自 2020 年全国兵棋推演大赛机机对抗赛初赛想定，展示了智能博弈算法在战术级临机规划的能力。比赛想定特别设计了红蓝双方具有相对均衡的实力，便于测试各个参赛选手的算法能力。场景设置红蓝方各 10 架 F-35C 战斗机，其中，4 架 F-35C 战斗机搭载 2 枚 AIM-120D 型导弹、2 枚"响尾蛇"导弹、6 套联合防区外武器（内装多级侵彻战斗部）；6 架 F-35C 战斗机搭载 8 枚 AIM-120D 型导弹、2 枚"响尾蛇"导弹。红蓝方战斗机全部处于雷达关机状态。

通过 33 000 余轮次的训练，机器初步摸索出了一定的个体战术与协同配合方式，可有效对抗比赛内置的蓝军作战计划，取得了一定的空中优势，以下针对部分对抗过程进行复盘分析。

第一，机器习得先发制人、歼灭敌有生力量的策略（图 3-13）。

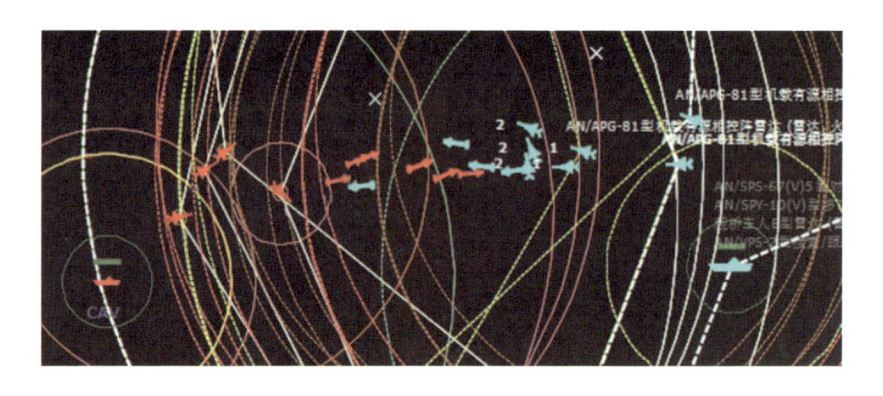

图 3-13 红方战斗机集中力量先发进攻

训练后的红方战斗群最先学习到的战术是集中兵力、寻找敌机、积极进攻，迫使蓝方做出反应，使制空权在整个战争进程中始终牢牢掌控在己方手中。红方积极地将火力投向蓝方，最大限度地使用战斗机的功能，保持对蓝方的压迫。红方的空空导弹发射遵循可靠距离发射、同时集中的原则，将有限的导弹发挥最大的效益，防止重复打击、低价值打击。

在采取积极进攻的模式时，红方会积极发挥"1+1>2"的作战思想，进行作战群的重新编组，实现战斗机群的协同配合。在战斗机群的协同配合过程中，神经网络会针对两个问题进行学习：一是编队组织的重新组合。系统会根据实时状态考量红方战斗机群的编队态势，根据双方态势决定重建的临界点，以及对红方编组进行拆分和重建以集中集群火力。二是编队组织将如何保持以实现作战的灵活性。经过 2 000 回合的训练后，红方战斗机群已经解决了以上两个问题。由于输入的红方态势信息只包括了红方所有有效战斗机信息的均值，导致集群构成后无法感知各个集群中心位置的相对关系，进而使得红方战斗机小集群组成不稳定。但是在接战的时刻，红方集群仍会经常短暂、频繁地组成火力集群，共同打击单一目标。训练后的红方战斗机在多次模拟过程中，会出现两三架战斗机组成小集群的情况，先吸引单个目标离开蓝方战斗机群，破坏蓝方战斗机群的配合机制，进而摧毁单个目标，再以此方式逐个击破。

第二，机器习得分散兵力、全力防守的策略（图 3-14）。

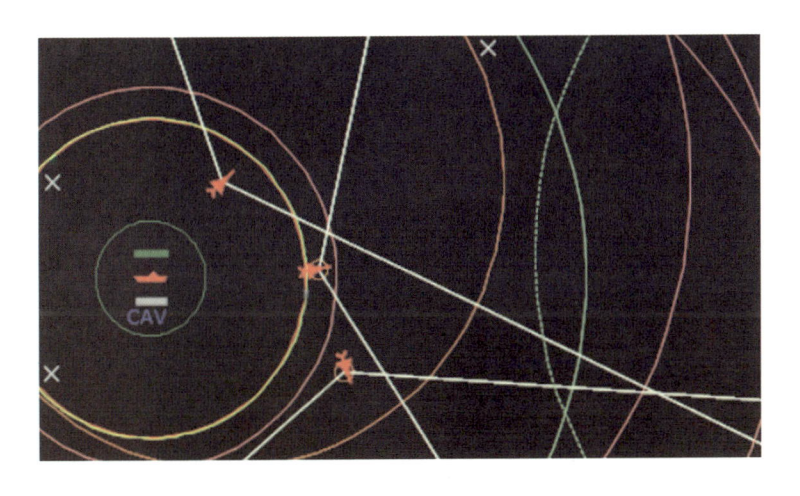

图 3-14　红方战斗机升空进行防守

红方战斗机中的策略能学习到的第二个战法是"分散兵力、全力防守"，这也是对蓝方突防的回应。该战法强调采用小编队、集中火力的方法对突防成功的蓝方进行防守，以有利于对红方驱逐舰提供全面的防护。

随着蓝方战斗机突防的增加，红方如何有效分配防守资源变得更加重要。好的策略既不会将防守散布在所有方向上，也不会将防守集中在一个方向上，避免孤注一掷、过度杀伤。红方阿利·伯克级导弹驱逐舰装备的 AN/SPY-1D（V）型多功能相控阵雷达在反导模式下的最大探测距离可达 324.1 千米。一旦蓝方 F-35C 战斗机突破红方战斗机群，进入雷达探测区，红方 F-35C 战斗机将立马起飞进行防御。因此，由于红方神经网络实时接收了蓝方战斗机位置态势信息，若蓝方战斗机朝红方驱逐舰飞来，红方战斗机会及时调整方向以阻击蓝方战斗机。当蓝方战斗机突破一个方向的防御时，其他方向的在空红方战斗机会立即调转方向进行增援。这种战法的突出优点是大大降低了受到敌方攻击的可能性，提高了驱逐舰的生存能力。由于红方神经网络的输入都包括了蓝方态势信息，因此该神经网络的所有动作会体现根据蓝方战斗机突击方向而制定的防守策略。此外，值得关注的是，本次行为动作没有加入自动攻击。当蓝方战斗机更加靠近红方驱逐舰时，基于系统内驱逐舰自带的条令规则，红方会自动发射"海麻雀"舰对空导弹进行防御。

第三，机器习得调整兵力、编队歼敌重心的策略（图 3-15、图 3-16）。

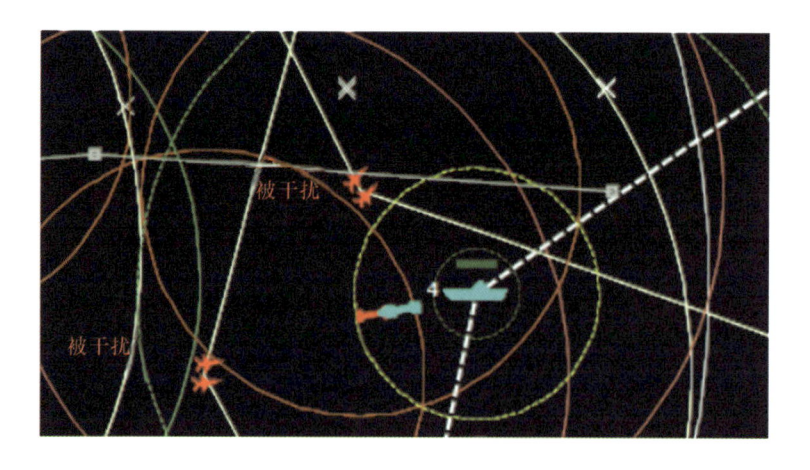

图 3-15 两机编队进攻

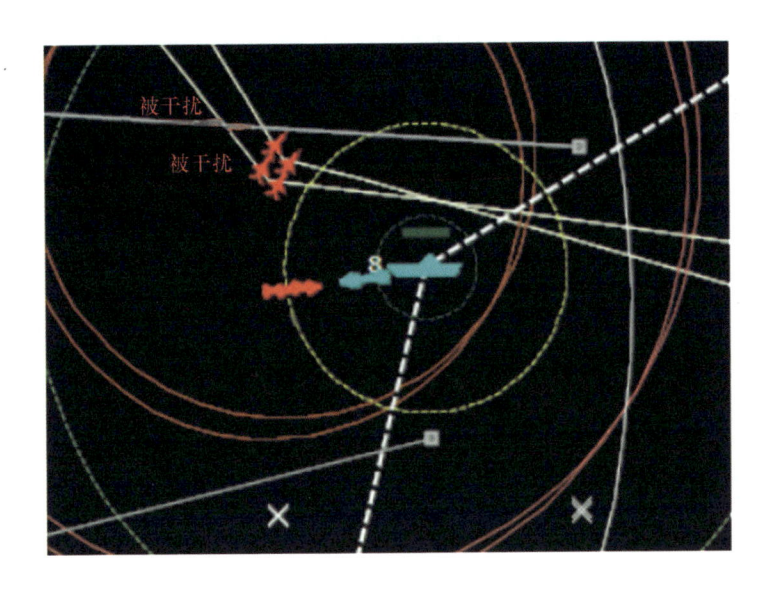

图 3 – 16　四机编队进攻

　　此次空战的最终目标是打击并消灭蓝方的导弹驱逐舰，歼敌重心是在敌人空中有生力量遭到大规模打击后才出现的。训练最开始，在蓝方空中力量还很强的时候，红方战斗机便对蓝方驱逐舰进行攻击，但这样的结果是遭到蓝方空中力量与驱逐舰联合攻击，红方损失惨重。训练到后面，当蓝方空中力量对红方进攻驱逐舰的影响比较小或者被消灭的时候，红方便派出一架战斗机去进攻，但这是以卵击石，刚进入蓝方雷达的探测范围内就被击毁。但到后面的训练时，就变成了两机编队。两机编队有着更强大的攻击力量和防御力量，在与蓝方驱逐舰博弈中有胜有负。在如何确定对海进攻的战斗机数量这个问题上，神经网络会进行学习，最终确定了四机编队进攻的方式。四机编队将有限的空空导弹、反舰导弹发挥出了最大的效益，防止重复打击、过度打击以及低价值打击，实现了打击效益的最大化，保证了红方尽量取得全胜。

　　第四，机器习得主动伴攻、侧翼迂回的策略（图 3 – 17）。

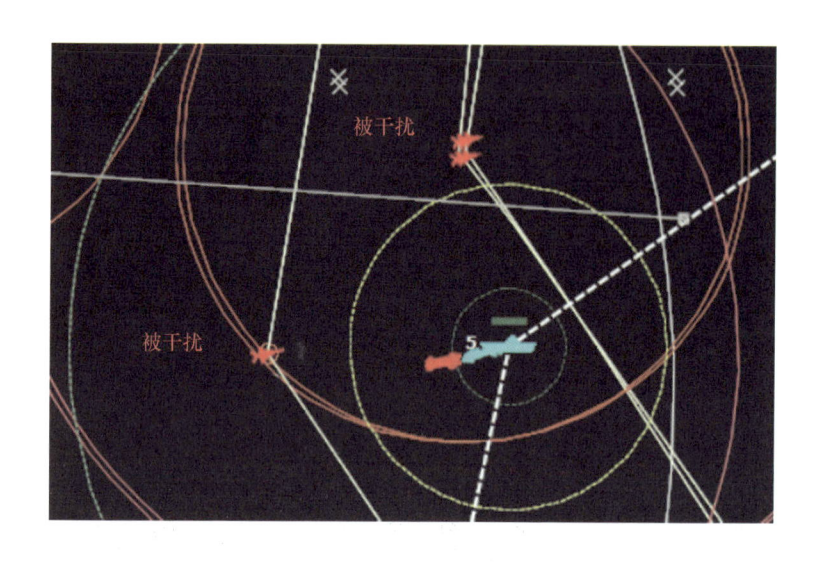

图 3-17　红方战斗编队迂回

实际上即使训练好的红方有编队进攻的策略，但由于蓝方驱逐舰有源相控阵雷达的辐射区域很大，多数情况下红方战斗机编队仍无法成功躲开蓝方驱逐舰雷达的探测，若此时与蓝方驱逐舰硬碰硬，虽然红方能摧毁驱逐舰，但是伤亡比较大。为了实现红方多数战斗机的顺利返航，在完成神经网络训练后的模拟中，红方编队会主动发射一两枚反舰导弹吸引蓝方火力，然后迅速绕行至蓝方驱逐舰侧面集中火力进行打击。在数十次的模拟中，存在一次有趣的现象，即编队外某架红方飞机会主动佯攻，吸引蓝方战斗机或者导弹驱逐舰的火力后立马开始逃窜。在逃窜过程中，该飞机若感知到有导弹接近，将迅速调整朝向角，以垂直于导弹的方向角全速上升或下降，以争取逃脱蓝方防空导弹的锁定。其他红方编队战斗机接着绕行至蓝方侧后方开始发起猛烈打击。

3.6.2　局部海空联合作战

该案例源自 2020 年全国兵棋推演大赛的机机对抗赛决赛想定——"海峡风暴"，想定持续时间为 100 分钟，选择在长度约 1 000 千米、宽度约

600千米的开放海域，展开海上攻防战。推演双方为红方和蓝方，为了保证对抗的公平性，双方的武器装备布置对称。其中，作战单元为1艘CVN-78福特级航空母舰，1艘DDG 113"约翰·芬"阿利·伯克级Flight ⅡA导弹驱逐舰，4架F/A-18E型战斗机，2架"闪电"轰炸机。机器通过自博弈学习，可快速习得自主波次划分、补充侦察、"蛇形"打击、轰炸机靠后突袭等四种典型的行动策略。

第一，机器习得自主波次划分策略。

想定中所有飞机部署在本方驱逐舰的后侧空中区域，在展开规划后，可以明显地看到其飞行轨迹出现了分离。效果如图3-18所示，2架飞机飞行至红方驱逐舰的西北侧和西南侧；在东侧的4架飞机，中间分布2架，两侧各分布1架，形成"1-2-1"的纵向阵型。

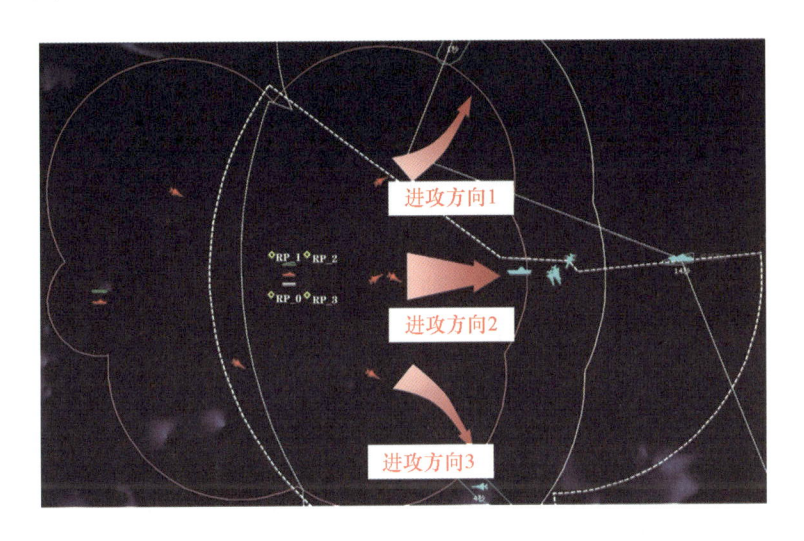

图3-18 飞机自行分波效果图

图3-19展示了一局比赛中以5个决策步长（75秒）为间隔的飞行轨迹图，可以发现，飞向西侧的2架飞机为轰炸机，主要职能为对驱逐舰进行打击，留在相对安全的西侧能够有效地避开第一波空战对抗；而在东侧突击的4架飞机为战斗机，主要职能为进行空中格斗，夺取制空权。

结合平台特性以及基线智能体的特征，对自主波次划分的原因进行了分

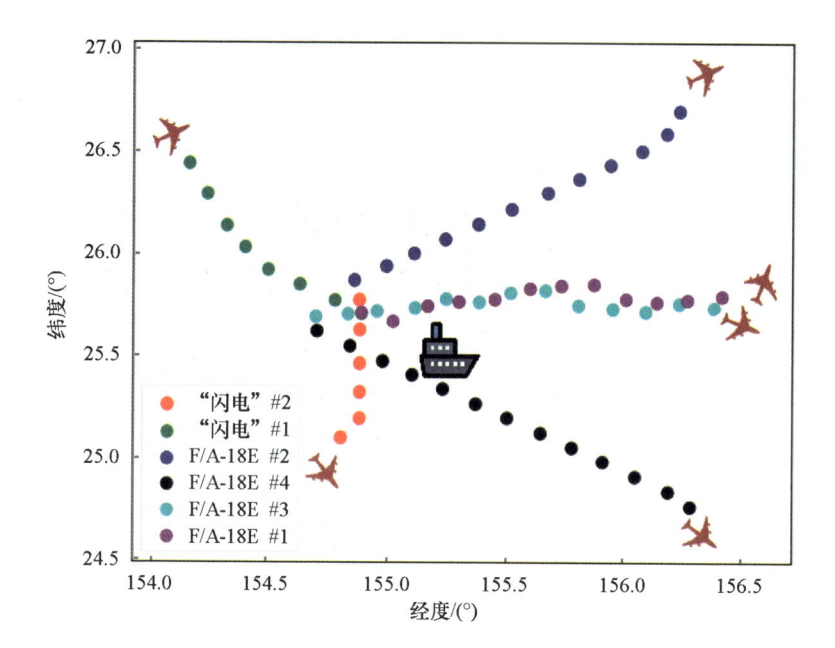

图 3-19　飞机自行分波轨迹示意图

析。在想定中，每架战斗机携带 2 枚远程空空导弹、6 枚近程空空导弹，如果飞机聚集在一起进行战斗行动，"独狼"式的攻击队形就能够有效消耗对手的弹药，降低对手的弹药效率；在 5 种基线智能体中，飞机均以编队的形式展开对抗，而学习算法中的智能体以单机控制的形式对每架飞机进行控制，分波、分批次对对手阵型进行冲击，最大限度地发挥了装备的性能，有效提高了弹药的使用效率，进而提高了获胜概率。此外，在同某些人类选手进行对抗的过程中发现，机器采用高速逼近策略，以"闪击战"的方式，在仿真开始后的 800 秒内高速冲向红方驱逐舰对其进行打击，自行分波后能够有效降低此种策略对己方飞机集群的冲击，提高战斗机的生存率。

第二，机器习得补充侦察策略。

在对抗过程中，红方依靠驱逐舰的雷达以及飞机的自身雷达对来袭目标进行探测分析。然而，新一代的战斗机在关闭自身雷达后，能够有效规避对手驱逐舰的探测，在缺乏飞机探测的空域，能够实现自我隐身，达到突防的目的。图 3-20 展示了红方飞机进行补充侦察的策略，2 架红方飞机自行飞向北侧空域，进行侦察。在红方驱逐舰的各个方向均留有飞机进行空域侦察，协助驱逐舰进行空域探测。

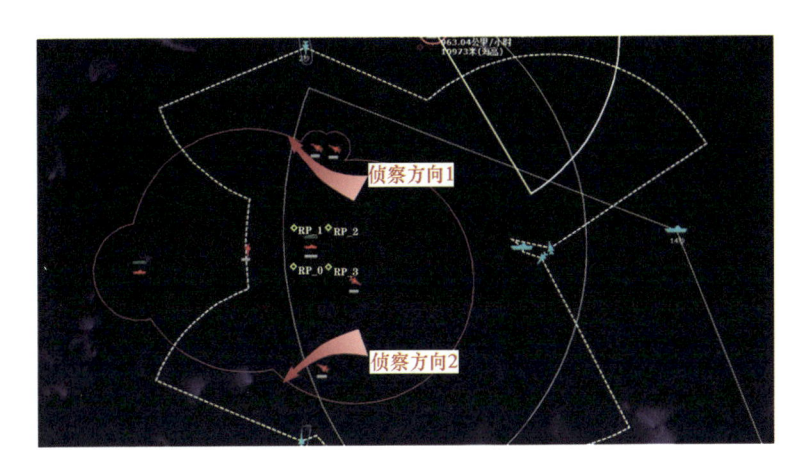

图 3-20　补充侦察效果图

图 3-21 展示了一局比赛中以 5 个决策步长（75 秒）为间隔的飞行轨迹图。F/A-18E #1 和 F/A-18E #3 战斗机在完成空中对抗后，自行飞向驱逐舰的正北侧进行空域补充侦察；F/A-18E #4 战斗机则在驱逐舰的南侧，由东南侧飞向正南侧，并对正南侧的来袭飞机进行侦察与对抗。"闪电"#1 和"闪电"#2 轰炸机则由后侧转移至前侧展开进攻，"闪电"#1 轰炸机在向东侧飞行中，先是补充了"闪电"#2 轰炸机离开后的侦察空位，在 F/A-18E #4 战斗机前来支援侦察后，离开侦察位置，转向东侧进攻。

在对补充侦察策略产生的原因进行分析时发现：在同某人类选手对抗时，蓝方飞机分成战斗机编队和轰炸机编队，战斗机编队在其护卫驱逐舰的东侧，当红方的飞机飞向蓝方驱逐舰时，蓝方的战斗机编队向西机动进行防御；此外，蓝方的轰炸机编队则关闭自身雷达，从战场南侧和战场北侧绕向红方的驱逐舰进行打击，红方的驱逐舰不能有效发现这 2 架轰炸机，只能依靠飞机雷达对相关空域进行探测。这一对抗策略，使得智能体学会了补充侦察策略，依靠飞机侦察补充驱逐舰侦察的不足，发现探测不准的飞机，保护己方驱逐

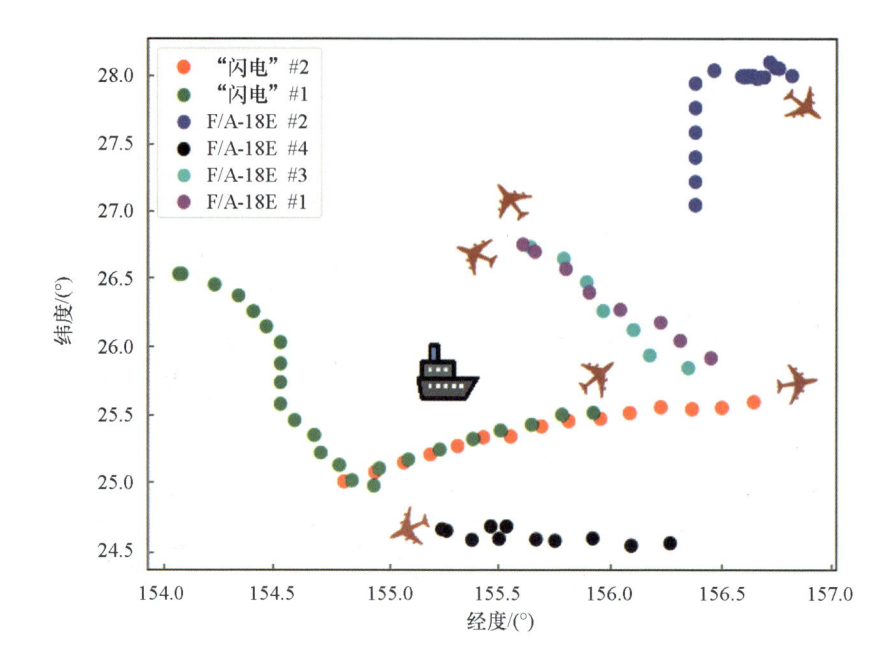

图 3-21 补充侦察轨迹示意图

舰，获得胜局。

第三，机器自主设计"蛇形"打击策略。

由于驱逐舰携带防空武器，因此在对驱逐舰进行打击时，距驱逐舰过近容易被防空导弹击毁。图 3-22 展示了红方轰炸机飞向蓝方驱逐舰附近空域并向其发射空地导弹打击，蓝方驱逐舰发射舰载防空导弹对目标导弹进行拦截，同时对来袭红方飞机进行打击的过程。

由于舰船打击过程较短，且点位轨迹的表示方法难以有效展示飞机轨迹点的时间先后次序，因而使用 2 个决策步长为间隔的点位轨迹，并使用连接线进行连接。图 3-23 展示了红方"闪电"#2 轰炸机对蓝方驱逐舰进行打击的路线。红方飞机呈现"蛇形"打击路线，先靠近蓝方驱逐舰发射空地导弹，发射成功后，往斜向机动，尽可能远离蓝方的防空区域，在满足新的打击条件后，再重新抵近发射导弹，然后斜向远离，多次重复这个动作，直到将其携带的导弹发射完毕。

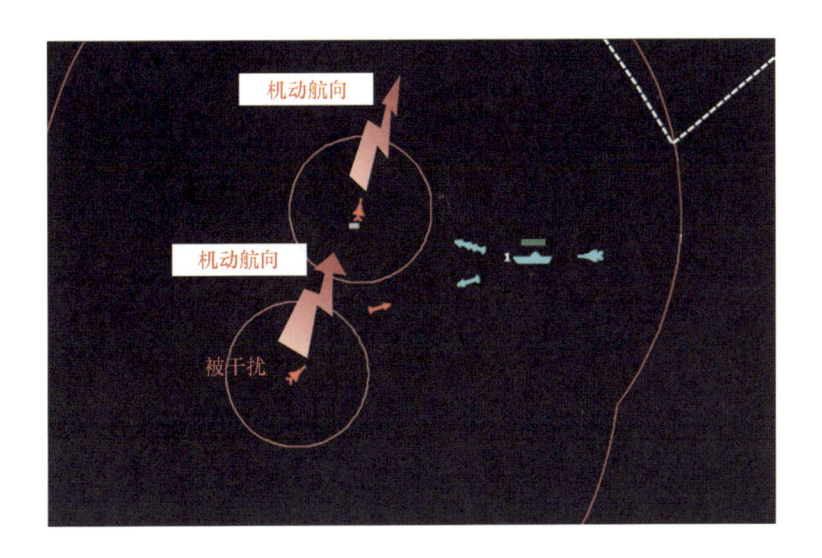

图 3-22 "蛇形"打击舰船示意图

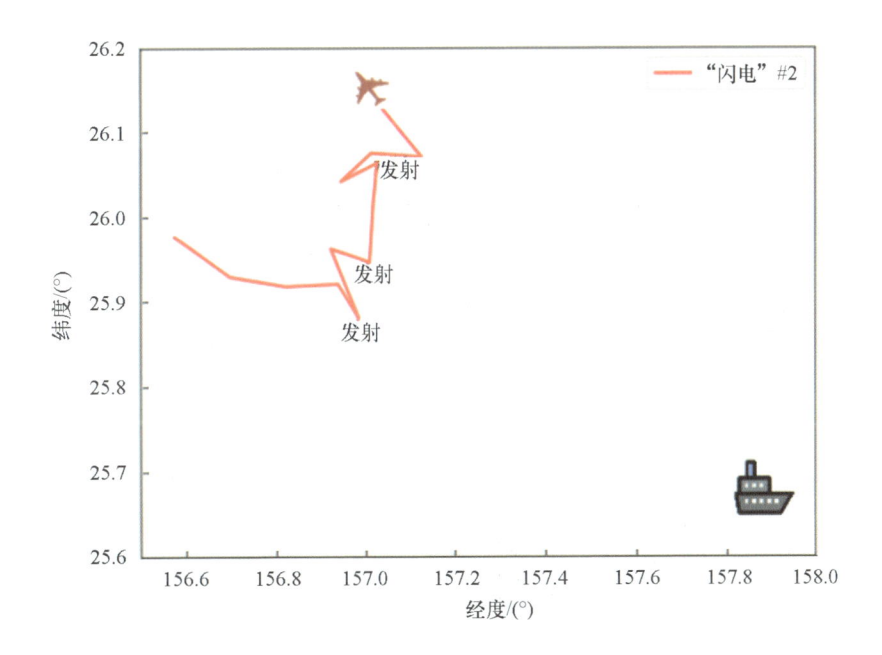

图 3-23 "蛇形"打击舰船轨迹图

结合平台特性,对轰炸机"蛇形"打击策略的形成原因进行分析。在平台内置想定中，轰炸机所携带的空地导弹射程为 80 多千米，而驱逐舰的防空导弹的拦截距离为 60 多千米，然而在有效射程的 75% 距离下，所携带武器才具有较高命中率。这意味着轰炸机需要抵近驱逐舰周边 60 千米才具有较高的打击成功率，然而这一距离意味着轰炸机面临较高的损毁风险。如果轰炸机在空地导弹的最大射程上发射武器，则命中驱逐舰的概率较低，于是其只能更靠近驱逐舰后再开火；如果轰炸机在近距离发射空地导弹后，不能及时后撤躲避，则面临被打掉的风险。以上原因使得智能体在学习中发现了"蛇形"打击舰船的策略，有效减少了轰炸机的损失。

第四，机器自主设计轰炸机靠后突袭策略。

想定中包含了轰炸机和战斗机两类飞机，其中仅有轰炸机可打击驱逐舰，而摧毁驱逐舰可以获得较高的分数，决定对抗的胜败。图 3-24 展示了轰炸机靠后突袭策略，此时空中对抗已经结束，红方的 2 架战斗机在驱逐舰的西侧和南侧进行侦察，2 架轰炸机在中心区域向蓝方驱逐舰飞行，准备对驱逐舰打击。

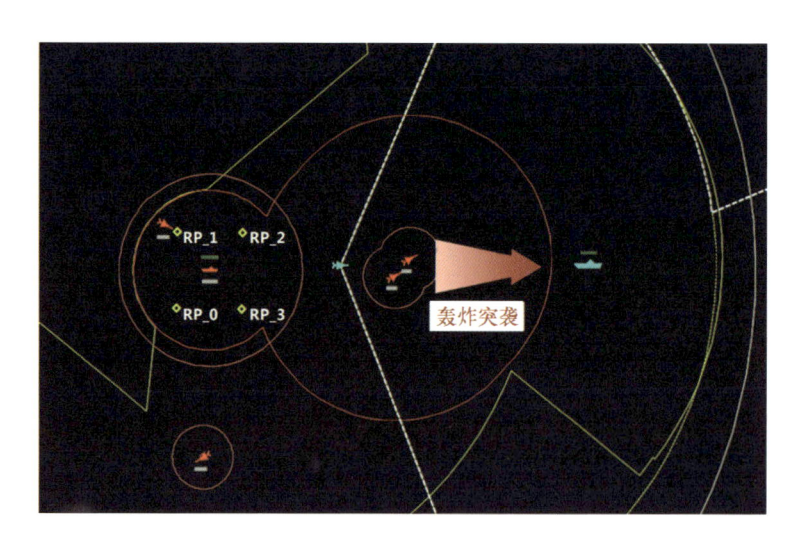

图 3-24 轰炸机靠后突袭示意图

为了更好地展示轰炸机的行动策略，使用 75 秒的点位轨迹连线图进行表示。如图 3-25 所示，"闪电"#1 和"闪电"#2 轰炸机在对抗初期，没有进入主要战场,而是避开空中对抗,进行空域侦察;在红方空战不占优势的情况下,其迅速向主要战场机动,补充空战实力,帮助红方获得制空权;在此之后,结合已有态势,展开对蓝方驱逐舰的打击。

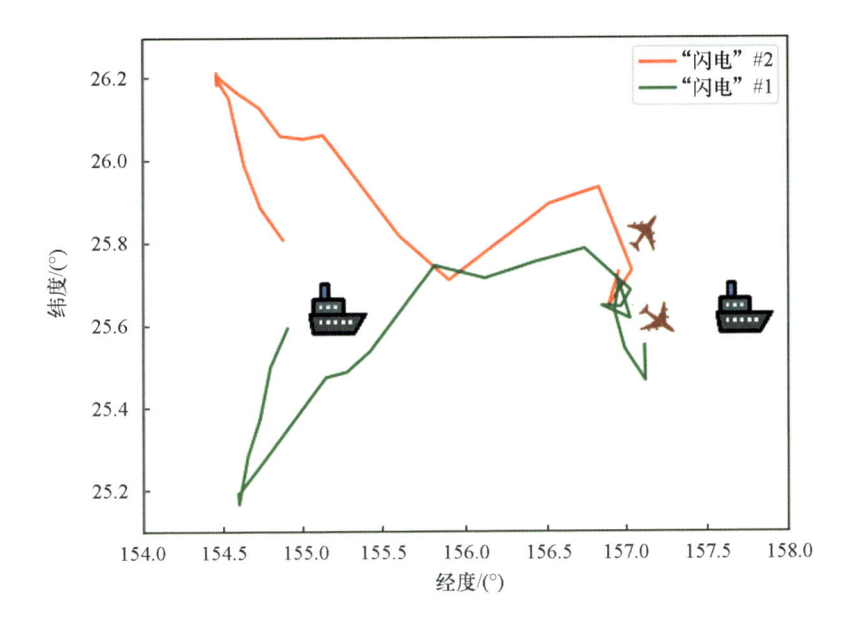

图 3-25　轰炸机靠后突袭轨迹图

在分析策略形成原因时发现:轰炸机较早展开空中对抗,容易被击落,从而无法完成想定的最高目标——击沉敌方驱逐舰;此外,由于轰炸机所带燃油量小于战斗机燃油总量,较早地展开空中对抗,会使轰炸机油耗急剧增加,过早地返航。因而,轰炸机应尽可能少地参与空中对抗,在保证空中优势的情况下展开对蓝方驱逐舰的打击是较优策略。

3.6.3　空地联合作战

以下场景为 2019 年全国兵棋推演大赛人机对抗赛,以历史上阿亚冲突为背景。红方共 35 个作战实体,包括 2 型 18 架飞机(米格-29KUB、苏-25SM3),3 型 6 台雷达(P-18、36D6、5N64S),4 型 9 个地空导弹营

(SA-4、SA-3C、S-300PS、S-300PT-1)。蓝方共104个作战实体,包括4型67架飞机(米格-29、苏-25SM、苏-25K、TP型无人机),5型14台雷达(P-37、P-18、P-14、P-80、36D6),4型18个地空导弹营(SA-4、SA-3C、S-75M2、S-200M作战单元)。机器通过自博弈学习,在与人类高手对抗过程中,体现出快攻打击、诱击、突袭和侧击等策略。

第一,机器自主设计快攻打击策略。

训练后的蓝方智能体战斗群最先学习到的战术是分两路展开打击。图3-26中,一部分战斗群集中兵力,进行快速进攻,一开始就在南部地区距离防空导弹营较近的位置进行集结,一方面战斗群形成攻击态势,另一方面利用防空导弹营形成相互之间的协同保护;在集结完毕后,此战斗群迅速向目标单位发起进攻,在进攻路线上,蓝方始终保持战可攻、退可守的编队飞行,虽然集结多架次战斗机,但仍以有条不紊的形态稳健飞行推进;随后蓝方利用极具优势的空地导弹,对红方可视单位进行针对性、分批次的打击,发挥导弹的最大效益,防止重复打击和低价值打击,而对红方不可视单位,利用剩余火力进行快速盲打。一部分战斗群组成任务编队,在敌方可能支援的路线上进行空中拦截,时刻保持警惕,不仅需要防范红方的空中力量,还要积极防

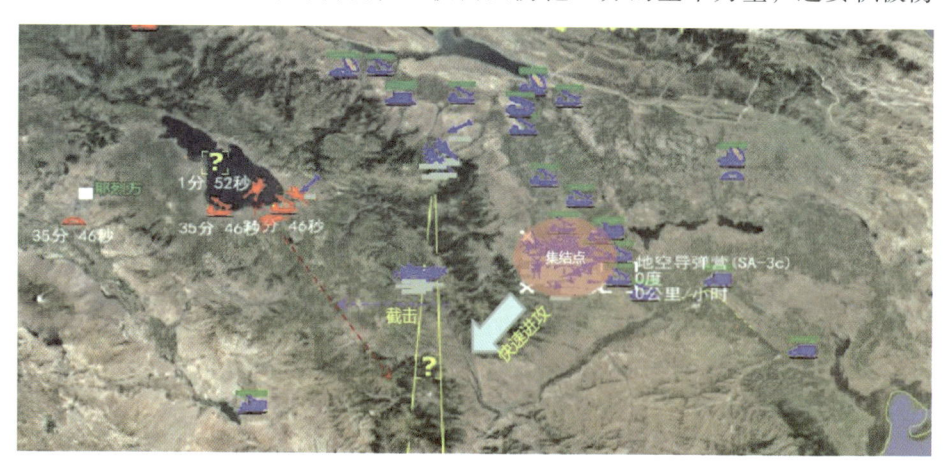

图3-26 快攻打击策略

范红方的地对空火力支援，此战斗群间接支援了执行主体任务的蓝方战斗群，在保障作战任务成功执行的情况下，降低了自身战斗群的损伤。在执行完上述行动后，任务结束，蓝方回退进入被动防守的策略姿态。

第二，机器自主设计诱击策略。

训练后的蓝方战斗机群在作战过程中实施了诱击策略（图 3 - 27），在红方火力覆盖区域边界处来回试探引诱，伺机发起猛攻，迫使红方做出反应，有效消耗其防空力量，达到掌握制空权的目的。蓝方歼击机采用多批次出动的原则，在红方防空圈边缘反复擦边袭扰，诱导红方发射防空导弹；侦察到敌方防空动作或是敌机歼击策略后，飞离其空域保证自身安全，牵制红方主力作战部队，重复多次达到迷惑红方的目的；若在进入其空域后一定时间不再受到打击，则直接长驱直入，进攻其北部核心区域。以这样的诱击策略，一方面消耗红方弹药，一方面消耗红方飞机燃油，同时消耗作战时间，有效干扰敌方指挥员操作，并极有可能吸引红方南部防御力量驰援北部，以满足在最后几分钟内派遣歼击机集中进攻南部两个地空导弹营 S-300 取胜的条件。

图 3 - 27 诱击策略

第三，机器自主设计突袭和侧击策略。

在图 3 - 28 中，训练后的蓝方战斗机群同时还表现出了突袭和侧击两种作战策略以及相应的协同方法。蓝方战斗机群通过分析北部、南部、禁飞等区域中的敌我兵力态势，并根据红方实时动作进行有效的临机决策，在阵地部署较差、开局易被动的情况下，合理处置红方飞机来袭动作。针对红方对北部或南部区域的快速支持，蓝方集结区域的米格-29 战斗机通过分析其路径，对其采取侧后突袭，同时后方支援的米格-29 战斗机，借助 SA-3C 导弹的火力排斥加速前进，实施突击，与实施侧击的米格-29 战斗机进行协同，形成长短距导弹飞机阵位，以逸待劳，形成局部兵力优势，对红方来袭飞机进行有效拦截和杀伤。

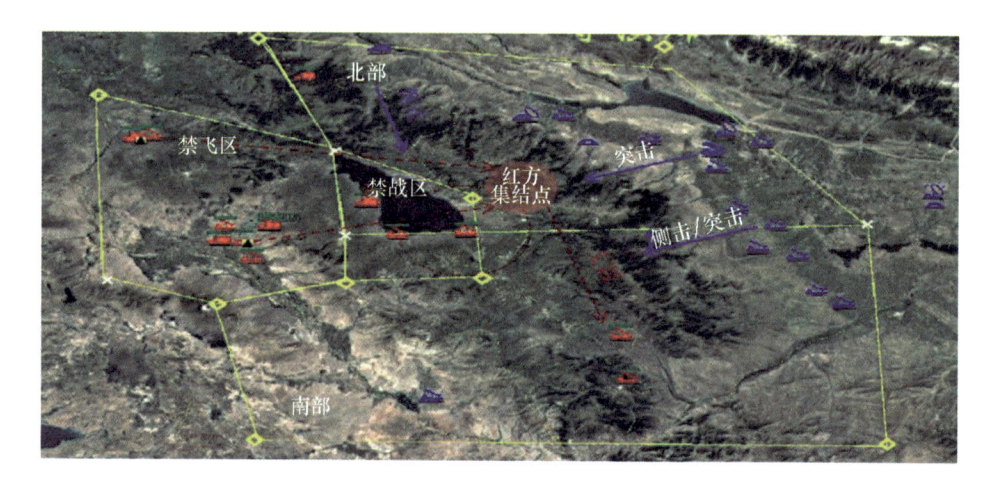

图 3-28　突袭和侧击策略

3.7　发展思考

作战任务规划是根据任务目标，基于对整个战场的空间、时间、资源、能力、任务和配属协同关系等约束条件，运用科学规划的方法产生一系列的作战任务或行动序列，以实现作战目标。按照不同的筹划时机，作战规划可以划分为"两个阶段，三种规划"。三种规划包括：战前和平时期依据战略形势进行的预先规划，主要用于针对一场战争生成多套预案，或针对一个作战样式生成多套战法；出现战争危机与战争征候时制定的临战规划，主要用于基于预案调整生成可立即执行的方案计划；实施作战时依据实时态势进行的临机规划，主要用于对实时情况进行滚动规划。如图 3-29 所示，不同规划的生成时机不同，依托的规划手段也不同。其中，预先规划由于作业时间相对充裕、应对的战略形势相对稳定，可以采用多方兵棋推演、作战模拟仿真实验、专家会商研讨以及战略/战役计算等多种规划手段；临战规划时间相对紧迫，但仍有时间通过会商研讨与作战计算来修订预案，形成方案计划；临机规划直面态势瞬息万变战场，目前支持手段只有相对简单的作战计算方法。

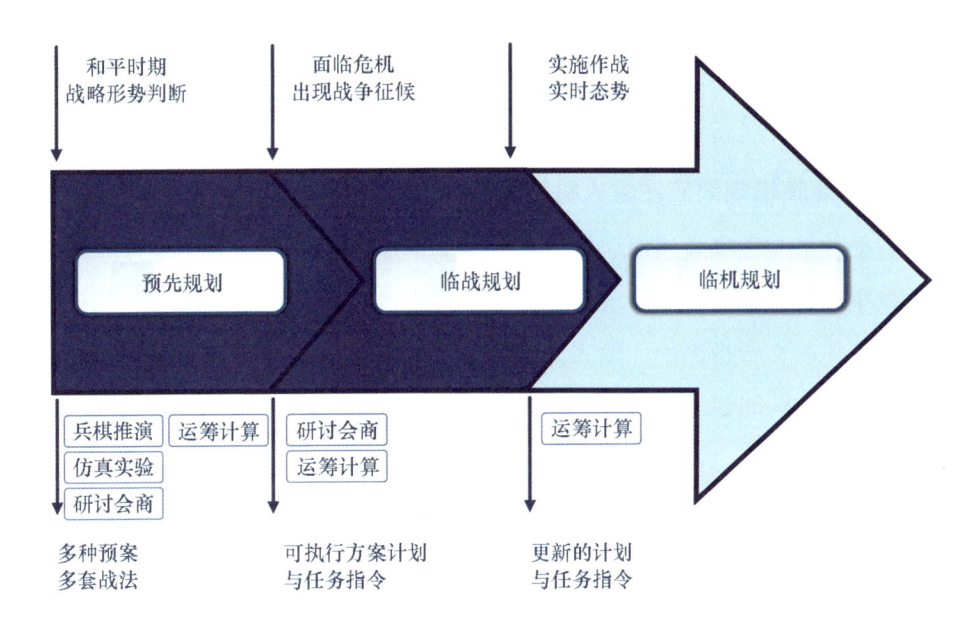

图 3-29　两个阶段，三种规划

可见，受限于计算时限短、情况变化快、资源约束强等原因，临机规划的技术支撑手段贫乏，成为当前作战规划的短板弱项。

1. 当前新型智能规划算法为破解临机规划难题提供了全新思路

从技术角度出发，可以将临机规划难点进一步概括为三点：一是作业时间紧迫，要求规划生成必须"快算"；二是存在"战争迷雾"，要求态势理解必须"盲评"；三是多方动态对抗，要求滚动规划必须"能变"。因此，传统规划手段如兵棋推演、仿真实验、研讨会商、运筹计算等更加侧重人工设计与静态分析，难以有效应对复杂约束条件下的动态规划问题。但是深度强化学习等新型技术，以 AlphaGo、AlphaStar 为代表，在棋类、即时战略类博弈问题上取得了显著突破，为解决临机规划难题提供了全新的思路。

深度强化学习破解临机规划问题的优势，集中体现在以下三个方面：首先是以相对最优化为目标，克服了暴力搜索的痼疾，更适用于在复杂态势下寻找可行决策，从而解决"快算"问题；其次是具备对态势的理解和预测能力，实现了经验直觉式评估，更适用于不完全信息条件下的分析运算，从而解决"盲评"问题；最后是按步实施离散化决策，不以静态最优解为目标，更适用于复杂对抗环境下的动态规划，从而解决"能变"问题。因此，瞄准临机规划难题开展新型智能算法研究尤为必要与紧迫。

2. 智能临机规划应注重人机协同

智能技术在临机规划中应用主体可分为两个阶段：一是基于深度学习方法框架生成智能体的训练阶段，二是基于已训练智能体实施临机规划的作业阶段。正如前文所指出的，融入深度强化学习等技术的智能临机规划，始终服务于人机协同的智能决策，因此必须注重训练阶段与作业阶段全流程的人机耦合。

首先，采用人机协同方式开展临机规划智能体训练，主要解决智能体规划能力不足问题，以及打通指挥员同智能体之间知识循环的问题。一方面从指挥员角度出发，利用历史作战或演习数据和分析计算模型将知识"传授"给智能体，使其接近或达到军事专家水平；另一方面从智能体角度出发，在专家水平基础上通过自博弈方法进一步提升性能，超越军事专家，并通过案例展示、数据分析等方法启发军事专家，提炼全新知识。

其次，采用人机协同方式应用智能体开展临机规划作业，主要解决以指挥员意图为核心生成方案计划调整建议，以及打通指挥员同智能体之间数据、信息循环的问题。通常组织筹划过程可以概括为决策环节、计划环节与评估环节，在人机协同式临机规划过程中，指挥员与智能体在不同环节的作用各有侧重、紧密衔接。在决策环节，指挥员依据当前态势明确作战目标、力量资源，并将相关信息要素下达至智能体；在计划环节，智能体根据指挥员决心与当前态势生成方案计划调整建议，并上报指挥员请求批准；在评估环节，指挥员依据当前态势方案进行全面评估，并下达方案计划调整指令。

因此，推动以深度强化学习为代表的新型智能技术在作战筹划过程中的应用，应将研究重点放在非完美信息及多方对抗条件下针对复杂系统的动态规划问题上，从而实现人机协同智能临机规划。

3. 人机协同规划对智能技术发展提出了全新要求

新型智能技术为解决临机规划难题提供了全新思路，同时人机协同式智能临机规划也对智能技术发展提出了全新要求，主要体现在以下四个方面：

一是实施智能临机规划需要构建统一规范、语义科学的任务框架。基于已有的想定与案例抽取共通共用的任务信息，形成能够覆盖不同作战样式、不同作战行动的元任务集，并按照指挥员与智能体交互需要，清晰定义任务模板与信息要素，为实施基于任务的人机协同规划奠定基本框架。

二是实施智能临机规划需要打通指挥员到智能体的知识传导路径。研究融入军事专家先验知识的智能规划算法以提升智能体训练效果，针对指挥员经验与直觉等非结构化知识，利用模仿学习等方法辅助智能体快速提升算法实时性；针对条令规则、运筹规划算法等结构化知识，研究全新智能算法实现对相关算法、规则的调用。

三是实施智能临机规划需要实现基于任务编组的力量统筹与调度。研究可以针对既有任务编组实现按照既定任务调度的智能规划算法，在理解态势的基础上准确生成相应编组的任务类型、时间、地点、对象、终止条件等信息，实现智能体对作战编组的任务级指挥。

四是实施智能临机规划需要设计以指挥员为核心的指令分发机制。始终坚持将指挥员放在决策与规划的核心地位，按照指挥员易于理解、准确授权的要求设计任务交互指令，合理规定指挥员、智能体与指挥控制系统三者之间指令信息的流转关系，确保指挥员牢牢把住力量配属调用权与行动实时干预权。

第 4 章
作战行动智能博弈

> 火药的发明，推动人类战争进入热兵器时代；蒸汽机的发明，推动人类战争进入机械化时代；信息技术的发展及其在军事上的广泛运用，推动人类战争进入信息化时代；智能无人技术的发展，将推动人类战争进入智能化时代。

4.1 人机混合博弈

无人平台在现代战场中被大量使用，尽管其具备一定的自主能力，但战场态势瞬息万变、信息不完整，无人平台仍无法实现全方位自主智能地指挥与决策。因此，人与机器共生是现代战场的典型特点，由人类与自主/半自主无人系统等组成的人机混合博弈系统将是一种长期存在的战场形态，而人机混合博弈已成为现代战争的主要模式。

早在1977年播出的首部《星球大战》电影中，便出现了大量人与机器人协同作战的场景，通过科幻方式超前构思了人机混合博弈的未来形态。星战头号机器人 R2-D2 作为太空宇航高级技工与电脑接口专家,虽然身体只有 0.96 米高,却塞满了装有各种工具的附加臂,通过与飞行员的紧密协同,多次在关键时刻扭转乾坤。以此科幻构思为起点,人机混合博弈技术随着无人系统的大量应用而不断发展。

人在回路的遥控操作,是最为直接的人机混合方式,也是当前人机混合博弈的主要形态。如图 4-1 所示,通过远程工作站,士兵能够遥控无人地面战车开展反恐作战任务、遥控无人机("全球鹰""彩虹""翼龙"等)进行侦察与攻击,并多次在实战中得到了检验。然而,在这种人机混合形态中,机器以人类底层微操的遥控指令为主,复杂环境下需要不停的人工干预,耗费大量人力,目前 1 架无人机作业需要 2~4 名战士。可见,无人平台本体的自主能力与智能水平较弱,限制了其作战效率与实时应对能力。

图 4-1 无人战车和远程遥控工作站

近年来,随着人工智能技术与自主无人系统技术的快速发展,人机混合博弈系统中无人系统的智能与自主能力得到更大发挥,有望大幅提升作战效能。2017 年,美国 DARPA 战略技术办公室提出了"马赛克战争"概念,在空战方面创建"空战演进"(air combat evolution,ACE)项目,旨在通过有人机、无人机协调,将飞行员定位为空战指挥官的角色,而底层机动由无人平台自主完成,通过人机智能融合获得对抗优势。

在智能算法方面,ACE 于 2019 年 5 月启动了 AlphaDogfight 1v1 项目,将

底层机动与驾驶技巧交给人工智能，测试人与机器之间的信任程度。经过 40 亿次训练，于 2020 年 8 月在高保真度的仿真环境中击败了人类飞行员。

在装备发展方面，美军启动"忠诚僚机"项目，旨在开展有人机、无人机混编协同作战，其中，无人机是有人机延伸出来的"眼睛"、"尖刀"、"护卫"与"弹药仓"，成为有人机的战斗力倍增器，目前已经进行了数次实飞测试。如图 4-2 所示，2020 年 12 月，波音公司研发的"忠诚僚机"XQ-58A 首次与 F-22、F-35 进行了编队飞行试验。美军将五代机与无人机（群）的协同作战作为未来的重要作战方式，DARPA 启动的小精灵（Gremlins）项目和美国空军研究实验室的 Skyborg 项目分别致力于开发低成本无人机平台以及人工智能软件，支撑五代机-无人机集群协同作战。

图 4-2 有人机、无人机编队飞行示意图

俄罗斯也在为第五代战斗机苏-57 研发无人僚机 S-70 "猎人"（Okhotnik）。与美军发展思路不同，"猎人"无人机是一种重型攻击战斗机，起飞重量达 20 吨，飞行速度接近 1 000 千米/时。2019 年 9 月，"猎人"无人机与苏-57 开展了演示飞行，无人机以自动模式实现了空中机动。

综上可知，世界各军事强国非常重视人机混合博弈技术的发展，并将此作为现代化战争中制胜的关键。人机混合博弈技术的迅速发展，有助于促进人类与自主系统的深度智能融合，并充分发挥两者合力（人类指挥决策能力与无人系统的自主行动能力），从而在战场上取得对抗优势。因此，聚焦人机混合博弈关键理论技术研究，抢占人机混合博弈领域的技术制高点，有助于在新型人机混合智能化战争中取得主动权，具有十分迫切的军事需求。

· 前沿阵地

2020年1月，美军对伊朗少将卡西姆·苏莱曼尼成功实施"斩首"行动，表明具有智能化特征的战争已经迈入实践阶段。美军通过大数据关联算法建立苏莱曼尼的行为轨迹，进而精确定位时空，人机混合智能决策，并基于全球网络信息的作战系统，以"无人机和精准制导炸弹"精确实施"斩首"行动。

4.1.1 基本概念

人机混合博弈是指参与博弈的某一方既包含机器，也包含人。

人机混合博弈是根据参与方的物理组成定义的，其核心内涵包括：

- 人参与其中，人的感知与决策模型对博弈结果影响巨大；
- 机器具有一定的自主能力与智能，人与机器需智能融合、能力互补、紧密协同；
- 设计/制定人机智能协同策略的最终目标是获取博弈优势，其研究比人机协同更具有目标指向性；
- 机器自主能力与智能水平的提高将有助于减轻人的负担，甚至为人类推荐策略，有利于提高博弈效能。

由于人类模型难以构建以及其巨大的不确定性，经典博弈论方法难以奏效，最优人机协同博弈策略的求解极其困难。军事对抗的高动态性、信息非完整性，使得人机混合博弈问题更为复杂，需要人工智能、博弈论、人因工程、心理学等多个学科的交叉，其理论与技术内涵仍在不断发展与深化。

人机混合博弈与人机博弈、机机博弈不同。人机博弈是指参与博弈的单一方只能是机器，或只能是人，而同一方不能出现两者混合的情况，如 AlphaGo 与人类冠军对弈围棋。机机博弈是指参与博弈的各方均是机器。

当前的人机混合博弈系统仍以人在回路的直接遥控操作为主，人机协同规则相对固定、智能融合不够深入、人因状态考虑不足，无法应对多维度、高动态的博弈场景。为此，亟待发展新型的人机混合智能博弈理论方法与验证平台，在需求牵引下针对不同军兵种领域以及多兵种联合体系对抗领域，开展算法、软件、装备系统的设计与试验测试，引领军事博弈技术不断向实战化发展。

4.1.2 系统分类

人机混合博弈技术尚未成熟，也没有标准的分类方法。以下根据博弈角色组合形态、人机数量、人机主辅关系进行了初步分类。

根据博弈角色的组合形态，可分为人类远程指挥官－无人机协同博弈、有人机－无人机协同博弈、人类远程指挥官－有人机－无人机协同博弈。

根据博弈某一方的人机数量，可分为多人－单机混合博弈、单人－单机混合博弈、单人－多机混合博弈、多人－多机混合博弈。

根据人机主辅关系，可分为人主机辅协同博弈、机主人辅协同博弈、人机对等协同博弈。

4.1.3 关键技术

无人平台技术，包括其自主能力与智能水平的不断提升，是人机混合博弈的基础。在此基础上，针对人机交互困难、协作关系复杂、战场态势瞬息万变、博弈场景维度高且动态变化等难点，目前人机混合博弈的关键技术包含人因工程、人机交互、模仿学习、博弈模型构建、深度强化学习等，如图 4-3 所示。其中，人因工程考虑人的非理性因素与博弈能力演化，使得博弈系统产生"能用到更好用"的转变；人机交互技术使"人懂机器、机器易用";模仿学习技术赋予"机器学人"的能力;博弈模型构建使得"机器懂人";深度强化学习则使得机器智能水平不断提高,产生新的博弈策略并推荐给人类,进一步伴随模拟协同训练使"人机共同提高"。

```
                        人机混合博弈
        ┌──────────┬──────────┬──────────┬──────────┐
    能用到更好用  人懂机器    机器学人    机器懂人   人机共同提高
                  机器易用
        │          │          │          │          │
     人因工程    人机交互    模仿学习   博弈模型构建 深度强化学习
        │       ┌──┴──┐       │       ┌──┴──┐      ┌──┴──┐
      人因     战场  多模态   模仿  逆强  生成  自身  对手  多任务  课程
      工程     态势  输入     专家  化学  对抗  决策  建模  强化    强化
               呈现  操纵     学习  习    网络  建模        学习    学习
```

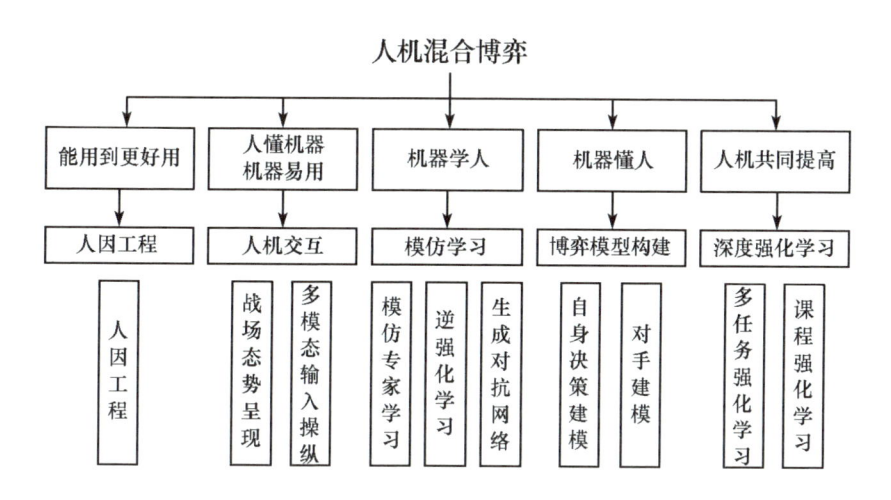

图 4-3 人机混合博弈关键技术体系

1. 人因工程

人因是指一些与人有关的因素,包括个体特质、生理以及情绪等。由于人的参与,人因多维状态对博弈决策的影响巨大,且人因博弈能力不断动态演化。在战场等高压力对抗条件下,人的反应力、理解力、自控力等认知功能会受到较大影响甚至剧烈波动,从而导致作战决策效率下降甚至决策失误。因此,人因多维状态的评估与测量对人机混合博弈意义重大。综合考虑军事博弈场景下认知功能、身心状态、技能经验等,构建人的博弈能力评估与预测体系,是提高人机混合博弈效能的重要一环。聚焦人因工程,能够充分考虑人作为博弈主体地位的影响,提高人类博弈最大持续时间与指挥无人平台的数量极限,使得人机混合博弈系统从能用向更好用转变。

2. 人机交互

在现代通信技术的支撑下,人能够在指挥控制中心远程操作多个无人平台,实现人机混合协同博弈。为此,一方面,需要研究新型的战场态势呈现方法以及软硬件系统，使得人类指战员能够实时了解战场态势，即"人懂机器"的多模态传感信息；另一方面，根据态势信息，人要能够方便地操作机器，需针对不同类型的博弈任务设计多模态操作专用接口，使得"机器易用"。人机交互技术随着机器智能水平的提高而不断演化，为了使"人懂机器"，需要把机器的实时决策与预期目的也告知人类。

3. 模仿学习

模仿学习是指将人类的专业决策技能教给机器，使机器学人。在现代战场中，战斗目标分配与底层作战单元控制都将直接影响作战态势，人类指挥员与作战成员因经受专业训练而在复杂态势下具有出色决策能力，可以为机器的早期学习提供专家数据。与人类学习相似，为迅速提高机器博弈水平，模仿专家的决策动作将成为一种重要的技术手段。

人类具有复杂情形下的专业指挥决策技能，通过人在回路的示范数据，研究对人类技能的模仿学习方法，建立人类博弈决策模型，实现人类样本数据增强。常见的技术算法有基于专家数据的深度模仿学习、逆强化学习与生成对抗网络。

（1）模仿专家学习

模仿专家学习通过记录人类指挥官与作战成员在不同态势下的决策动作，让机器在相同的情景下做出相似的决策，从而让机器具备初步的智能，为机器在机机对抗框架下进一步提升智能奠定基础。

（2）逆强化学习

专业的人类指挥官与作战成员在完成某项任务时，其决策往往是最优的或接近最优的，专家策略产生的累积回报期望更大。逆强化学习就是从专家示例中学习回报函数，基于最优序列样本学习策略。

（3）生成对抗网络

生成对抗网络采用两个神经网络，生成器根据当前环境的输入状态估计对应的动作，判别器判断生成器的预测动作与专家示范是否一致。通过对网络参数的调整优化，让生成器尽量生成与专家示范动作相似的动作，且让判别器尽量判别出是否为专家的示范动作，训练二者直到判别器无法判别，此时认为生成器得到了专家数据的经验，完成了对人类技能的模仿学习。

4. 博弈模型构建

"战争迷雾"的存在导致决策信息仅部分可观，数据量小，难以满足模型训练。此外，由于战术迷惑，难以判断可见对手决策信息的可信度，需要对博弈模型进行构建。博弈模型构建包括自身决策建模与对手建模。

（1）自身决策建模

自身决策建模是指通过对作战历史信息的记录与分析，建立具有可解释性的操纵人员决策模型，使机器对操纵者的操纵习惯进行建模，在操纵过程中逐步适配，从而针对操纵人员的习惯选择最大化收益的动作。自身建模可使机器提前预测操纵人员的指令，缓解指令滞后问题。

（2）对手建模

对手建模是指通过对作战历史信息的记录与分析，建立具有可解释性的竞争对手决策模型，进而达到预测对手意图、生成更有针对性策略的目的。对手建模可以在信息部分可观时预测敌方意图，做到知己也知彼，根据对手的对战历史进行建模，分析对手的对战个性，从而更有针对性地进行战术设定，提高机器的个性化水平。

5. 深度强化学习

人机混合博弈问题具有多维度和高动态的特点，机器与人的协作关系需要根据任务目标合理转变，以保证任务完成的效率。同时，面对对抗环境中的高动态变化，人机共盟体应能及时做出调整，保障系统的抗干扰能力及鲁棒性。为此，需要采用深度强化学习来求解这类复杂且很难预先建立精确模型的序贯决策问题。

深度强化学习关注的是智能体如何与环境交互并且通过反复试错学习到最优的行动策略。深度强化学习方法结合了深度神经网络的超强表示能力和强化学习方法的决策能力，优势互补，为复杂系统的感知决策问题提供了解决思路。通过深度神经网络的强大表示能力，深度强化学习方法可以有效地处理高维特征，并给出智能人机混合协同博弈策略。人机混合博弈包含多任务强化学习和课程强化学习两大核心技术。

（1）多任务强化学习

多任务强化学习是解决多变的人机协作关系的重要抓手。来自不同任务的学习梯度会相互干预，使得学习不稳定。任务之间的不同奖励方案往往导致单一任务主导共享模型的学习。多任务强化学习针对人机混合博弈领域，研究基于共享网络特征提取与表示，以及多任务网络协同训练学习方法，为协作关系多变的人机混合协同博弈问题提供智能策略。

（2）课程强化学习

课程强化学习是一个从简单概念学习逐步到复杂问题学习的有效工具。它通过提供一系列难度逐渐提升的学习任务将复杂的知识分解，让模型从简单的数据开始训练，随着模型表现性能的提高再逐渐进阶到复杂样本。在达到相同性能的条件下，课程学习可以显著加速训练，减少迭代步数，从而更快得到更优的博弈策略。

4.1.4 典型案例

1．"忠诚僚机"

2015年，美国空军研究实验室正式启动了"忠诚僚机"的概念研究，发布了需求公告；2016年，美军推出《小型无人机2016—2036年发展路线图》，将"忠诚僚机"作战模式作为人机协同的典型规划；同年3月，美国国防部副部长沃克向媒体阐述了"忠诚僚机"概念，其旨在通过为F-16"战隼"战斗机设计和研制一种人工智能模块，增加无人机自主作战能力，确保美国空军在未来战争中实现无人驾驶的F-16四代战斗机与F-35A五代战斗机之间高低搭配，通过有人-无人编队协同作战，有效摧毁空中和地面目标，实现人机融合的最佳"共生模式"（图4-4）；2019年3月5日，美军XQ-58A

"女武神"无人机在亚利桑那州尤马试验场完成首次飞行,标志着"忠诚僚机"正在褪去概念外衣,逐步变为现实。2020年12月,XQ-58A"女武神"无人机首次与F-22、F-35进行了编队飞行实验。

图4-4 "忠诚僚机"概念图

2. 地面无人作战平台-军队协同作战

2015年底,叙利亚政府军在俄罗斯无人战车的支援下,打了一场强攻"伊斯兰国"极端组织据点的战斗,这是世界上第一场以无人战车为主的攻坚战。

俄罗斯投入了4台履带式"平台-M"无人战车、2台轮式"阿尔戈"无人战车和至少1架无人机(图4-5),这些无人战车和无人机由俄军遥控指挥,与叙利亚军队配合作战,战斗持续了20分钟,约70名武装分子被击毙,而参战的叙利亚政府军,只有4人受伤,显示了有人-无人作战单元智能融合的巨大优势。

人类指挥官的快反能力和决策速度或是未来智能化战争的胜负手,换句话说,未来有人、无人作战单元的结合才是人工智能的最高级形式。

图 4-5 俄军在叙利亚投入的无人战车

3. 濒海战斗舰 – 有人直升机 – 无人直升机协同作战

2017 年 2 月 1 日，美国海军的独立级濒海战斗舰 LCS-4 "科罗纳多"号进入南海海域航行。航行期间，"科罗纳多"号进行 MH-60S "骑士鹰"多用途直升机与 MQ-8B 无人直升机的训练，在一定程度上验证了有人驾驶与无人驾驶直升机协同作战的可能性（图 4-6）。

图 4-6 濒海战斗舰 – 有人直升机 – 无人直升机混合编队

濒海战斗舰装备高度自动化，对海陆空的打击能力强；MH-60R/S 则具有全天候及恶劣天候下作战的能力，被夸耀成"当前世界上最先进的海军直升机"，其中 MH-60R 侧重反潜，MH-60S 侧重执行搜救、特种战、扫雷、运输等任务；MQ-8B 火力侦察兵则可以兼顾对海对陆打击能力，可对地面、空中和海上力量进行支援作战，与 MH-60R/S 配合可以形成新的联合打击力量。

一架 MH-60R/S 与数架 MQ-8B 一起对海执行任务的时候，可建立半径 150~200 千米的警戒圈，MQ-8B 主要作为 MH-60R/S 的副手与延伸。在水面战的背景下，MQ-8B 可以对船只进行跟踪监视，并为 MH-60R/S 的后续跟进提供安全高度与安全距离信息。如果 MQ-8B 发现威胁，可通过数据链通知 MH-60R/S 威胁位置的具体信息，一旦指挥官确定打击计划，就可以选择 MQ-8B 直接打击目标，或者使用 MH-60R/S 和濒海战斗舰对目标进行攻击。

美国海军将濒海战斗舰、MH-60R/S、MQ-8B 这三类对海对陆打击能力各有千秋的武器平台结合起来，在人工智能的牵引下，摸索有人与无人平台联合作战的新战法，力求打造出最适合濒海作战的利器，在信息化条件下，"有人-无人"的合作协同将成为未来战争发展的趋势。

4.1.5 未来趋势

人机混合协同博弈具有如下发展趋势：

● 从混合博弈规模出发，人机协同由小规模单一形态向中大规模多样化组合形态逐渐延伸。人机混合形态的多样化以及规模的扩大使得人机协同关系由单维度低动态向多维度高动态拓展，牵引着新型人机混合博弈范式的不断发展。

● 从人机协同方式出发，由去个性化的通用方法向结合人类同伴或对手"个性化驱动"转变。如何使机器理解人类的意图并对人类的意图以及行为习惯进行在线学习，从而使机器针对不同的人类同伴或者人类对手具有更好的适应性，并产生"个性化最优"的非保守型博弈策略，是人机混合博弈一个特色鲜明的研究方向。

● 从人因博弈状态与能力出发，人机混合博弈方式由忽视人的能力变化转为融入人的能力实时评估。当前人机混合博弈系统中，缺乏对作战人员的实时状态监测，导致人机博弈系统无法根据作战人员的状态进行相应的策略实时调整。融入博弈状态能力演化的人机混合博弈方式逐渐成为新的发展趋势。

● 从博弈策略学习出发，模仿人类行为的博弈策略学习成为提高学习效率的可行途径。复杂场景，难以全面遍历，专家数据得到的小样本以及样本评估与增强技术将成为提高学习效率的关键技术。

4.2 蜂群智能博弈

4.2.1 基本概念

蜂群智能（swarm intelligence）是指在集体层面表现出的分散的、去中心化的自组织行为。蜂群智能源于对以蚂蚁、蜜蜂等为代表的社会性昆虫的蜂群行为的研究，最早被用在细胞机器人系统的描述中。它的控制是分布式的，不存在中心控制。蜂群智能还具有自组织性，比如蚁群、蜂群构成的复杂类社会系统，鸟群、鱼群为适应空气或海水而构成的蜂群迁移，以及微生物、植物在适应生存环境时所表现的集体智能，尽管缺乏集中决策，但蚁群仍能表现出很高的智能水平，看上去就像一个具有集体智慧的"超级心灵"（super mind）。

"蜂群智能"一词最早是针对电脑屏幕上细胞机器人的自组织现象而提出的，最知名的细胞机器人系统包括兰顿蚂蚁（Langton's ant）和康威生命游戏（Conway's game of life）。蜂群智能不是简单的多个体的集合，而是超越个体行为的一种更高级表现，这种从个体行为到蜂群行为的演变过程往往极其复杂，以至于无法预测。

这种现象不单单出现在生物界，在整个人类军事史中集群作战现象也让人印象深刻。从11世纪的十字军东征，第二次世界大战中德国潜艇的狼群战术，到21世纪的美军在伊拉克和阿富汗应对游击武装，以及俄罗斯军队形容车臣反对派武装攻击他们时就像"狗身上的跳蚤"和"烂梨上的黄蜂"，蜂群博弈已被正规和非正规部队普遍采用，涵盖陆、海、空的战术和作战层面的防御和进攻作战，其导致了非线性战争和非对称作战思想。

传统的博弈论作为研究具有斗争或竞争性质现象的数学理论和方法，也在试图解决蜂群博弈优化问题，比如：

- 什么是行之有效的蜂群对抗策略？
- 蜂群什么时候起作用，什么时候失效？
- 哪些变量和变量组合与蜂群策略的成功相关？
- 技术在蜂群博弈的情况下发挥了什么作用？
- 蜂群如何对抗非蜂群？
- 蜂群如何运用指挥、控制和通信？
- 蜂群策略因环境而受何影响？

近年来，大数据、机器学习、先进感知、无人系统、云计算、物联网等技术的突破推动了人工智能技术的飞速发展，人工智能正以前所未有的广度与深度影响着战争的不同领域，也使蜂群博弈从基于规则控制向实现蜂群智能博弈转变，其应用也从传统的兵力集群运用扩展到智能无人平台的集群（蜂群）运用，成为影响未来战争形态和面貌的重要技术推动因素。下文的讨论主要聚焦于无人平台的蜂群智能博弈。

无人蜂群在军事应用方面具有抗毁重构性强、分布协同性高、军事经济效益显著等优势，有助于快速达成作战目的，极大提升作战效能。这些蜂群平台基本采用价格低廉的模块化结构，可以快速进行战时补损，各单元之间通过信息网络智能组网，分别携带侦察、感知、干扰、压制、攻击、反辐射等有效载荷以遂行不同的作战任务，甚至可以进行回收。随着人工智能技术的突破和应用，无人蜂群具有了一定的自主感知和态势判断能力，可以采用无人 - 有人协同或全无人自主协同方式，执行压制、摧毁、侦察、打击、探测、分享、干扰、支援等多项作战任务。

4.2.2 技术方法

采用传统人工设计的形式化方法和控制策略可以较好地解决编队、规划、搜索等问题，但由于蜂群内个体的分散性，除非系统被完全观察和优化，否则平台个体采取的局部动作在全局范围内可能会产生多大的影响是无法预测的。针对对抗环境下的蜂群博弈问题，机器学习技术成为超越传统人工设计蜂群策略局限的新方法，可以实现在分布式决策条件下的蜂群级别的博弈策略。目前采用的行为设计和优化方法主要包括演化策略和强化学习技术。

演化策略（进化策略）技术使用适者生存的概念来有效地搜索个体控制器的设计空间。采用演化策略方法绕过了对本地控制器与蜂群的全局行为之间关系的分析，通过进化过程中的多次"盲目地"试错和评估来优化控制器，该解决方案通常会利用个体自身和其他蜂群成员的行为以及环境状态。演化策略提供了一种生成不同类型群控制器的通用方法，如神经网络、语法规则、行为树和状态机等。该方法的优势在于设计人员可以更好地理解它们，使得在现实世界中部署控制器时更容易跨越模拟和现实世界之间的"现实差距"。

采用演化策略技术的一个主要挑战是，设计者是否可以采用某种可衡量和定量的方式来明确定义行为成功的关键要素。随着任务复杂度的增加，这个设计的挑战也随之增加，可能会由于缺乏足够的信息，甚至还包含虚假信息，导致算法无法找到所需的行为。有学者采用行为分解、增量学习、新颖性搜索等方法来尝试解决此类问题，为复杂任务找到更多非正统的解决方案，但由于过多地塑造了任务的学习，可能会带来策略次优性能的风险和个体行为定义难的问题。

演化策略在处理实际蜂群复杂性的问题上具有一定的优势，但这个方法的代价是需要进行大量的评估工作，导致该算法的演化非常缓慢。另一个问题是，演化不仅可能使行为对环境过度拟合，还可能过度拟合演化过程中个体的确切数量，这意味着很难保证其可扩展性。

使用强化学习技术，智能平台个体可以通过在特定奖励方案下与其环境交互的反复试验来学习，在智能平台状态和应该采取的行为之间找到最佳映射，从而获得最大化的奖励。强化学习近年来在蜂群决策领域得到了广泛应用。强化学习的优势在于智能平台可以探索环境并不断调整自己的行为。然而，在蜂群智能博弈中，强化学习方法的一个主要困难是，从个体角度来看，蜂群是一个非马尔可夫任务，个体只能对全局状态的局部进行观察，而演进策略可以为非马尔可夫任务实现更好的解决方案。

将强化学习与非马尔可夫任务结合可以将上述问题转化为部分可观察的马尔可夫决策问题，在这种情况下，决策个体会保留其观察的历史记录，从而提取最可能的全局状态。尽管这样就可解决马尔可夫决策问题，但其会面临"状态爆炸"带来的可扩展性问题。强化学习相对于演化策略的另一个困难是信用分配问题，这是指将全局奖励分解为个体局部奖励，因为个体对全局任务的贡献可能并不总是确定的，且很难判断哪个先前的行动最有利，所以信用分配问题也随着时间的推移而表现出来。

到目前为止，演进策略似乎是蜂群智能博弈更合适的选择，因为它允许个体利用问题的非马尔可夫特性（例如，其他个体的状态和行为）。然而，由于当前软、硬件的局限，采用在线学习方法或成为解决此类问题一个突破口。

4.2.3 典型案例

近年来，无人集群（蜂群）博弈技术成为各国争先研究的热点，有关蜂群项目的突破性报道不断涌现。人工智能、控制理论、机器人、系统工程和生物学等多领域专家开展广泛合作，从自然集群的自组织机理着手，突破分布式集群架构、集群持久协同、观察—判断—决策—行动（observe, orient, decide, act, OODA）协同、蜂群智能等核心技术，并将其应用到蜂群系统中。其中关键算法技术的研发大多由高校和具有强大科研实力的科技公司主导完成，决策与控制技术的进展已经催生了许多有影响的无人蜂群牵引性项目。但作为核心技术的关键博弈算法却鲜见透露，从以下具有代表性的国防前沿探索项目中可以一窥各军事强国在无人蜂群自主智能协同算法上的投入与布局。

1. 美国拒止环境中的协同作战项目

2014 年，DARPA 开展的拒止环境中的协同作战（collaborative operations in denied environments，CODE）项目立足于发展一种升级现有无人机的低成本方法，如图 4-7 所示，通过突破性的算法和软件使无人机共同工作时所需的监管最少且协同更加有效。该项目经过三个阶段的虚拟实验、技术验证和实装演示，实现了无人机系统在尽量降低通信量的同时，高效共享信息，协同规划和分配任务目标，并制定协调的战术决策，协同应对高威胁动态环境。

(a) 任务指挥
(任务指挥官将无人机组群为任何编组)

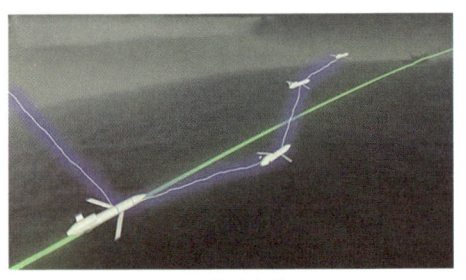

(b) 完成任务
(采用CODE算法的无人机任务编组各架机之间，通过低带宽的通信进行合作，以完成被分派的任务)

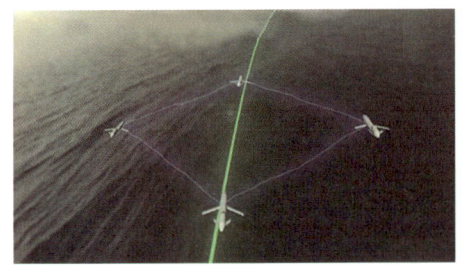

(c) 进行相对导航
(采用CODE算法的无人机任务编组各架机之间，通过网络通信在GPS拒止环境中进行相对导航)

(d) 分享导航信息
(采用CODE算法的无人机任务编组各架机之间，在GPS拒止环境中分享某架无人机获取的、基于特征的导航信息)

图 4-7 CODE 项目应用概念图

2019年2月，DARPA在尤马基地进行了6架RQ-23"虎鲨"无人机和14架虚拟的仿真无人机组成的蜂群在通信受干扰、GPS信号不可用情况下的系统作战任务验证（图4-8）。本次试验整合了雷神公司的软件、自主算法以及约翰斯·霍普金斯大学应用物理实验室的White Force Network，项目团队创建了虚实结合的逼真测试环境，展示了各种虚拟目标、威胁和对策。

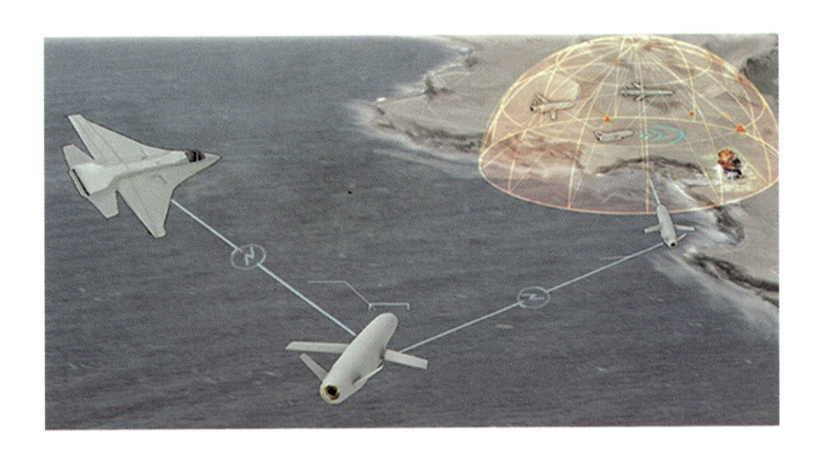

图4-8 试验中虚实结合的测试环境

2. 美国进攻性蜂群使能战术项目

2017年2月，DARPA开展了进攻性蜂群使能战术（offensive swarm-enabled tactics，OFFSET）项目，目的是开发和验证适用100架以上的无人空中和/或地面机器人组成的蜂群战术，同时开发小型空中无人机和地面机器人，能够以250个或更多数量执行蜂群任务。

OFFSET项目主要聚焦蜂群战术、蜂群自主性、人-蜂群编队、虚拟环境以及物理测试平台五个领域。OFFSET蜂群系统架构包含个体架构与蜂群架构。个体架构应定义一种可扩展的软件框架，让单个无人系统可利用局部感知、计算和驱动资源进行理解并实施决策和行动。蜂群架构体现个体与个体之间的能力，以及蜂群与指挥方面的交互。

OFFSET项目以蜂群战术研究为核心，发展蜂群自主性和人-蜂群编队技术来支撑战术的实施。其中，蜂群自主技术将支撑无人系统的智能移动、决策和与环境互动的适应能力，人-蜂群编队技术则增强人与蜂群系统的交互协同能力，可以及时控制和推断蜂群系统的行为表现。同时，项目强调发展分布式、功能分散的无人蜂群，蜂群可以由低成本无人机构成，成百架无人机中损失多数个体，对完成任务的能力几乎没有影响。它的使用将极大提升地面部队城市作战的效率、战场空地机动协同和人类生存力，推动无人蜂群作战概念发展和作战样式多样化。

3. 英国蜂群博弈技术进展

2020年4月1日，英国皇家空军对外宣布组建无人机蜂群部队，该部队将通过作战试验加速无人机蜂群的技术转化进程，同时探索未来无人机蜂群的作战编组，标志着这种新型无人机距离实际应用更近了一步。

2021年1月，英国宣布由国防科技实验室主导的多无人机轻量作业（many drones make light work，MDMLW）项目完成结题，公布了其大规模无人机集群竞赛的部分验证飞行成果。

项目的目标作战概念包括：

● 陆战场支援，在复杂战场环境下，采用光电/红外（EO/IR）及电磁传感器进行广域侦察搜索及监视，实现蜂群智能的涌现性。

● 海上作战支援，在沿海区域战场对水面和陆地威胁进行侦察搜索，针对舰船、雷达等目标实现跨域态势感知。

● 空中机动支援，如图4-9所示，利用无人机集群平台对敌空中威胁进行抵近探测和干扰，在复杂环境中搜索隐蔽的陆基威胁目标。

此次共有220架次具有不同作战能力的5种异构固定翼无人机参加演示，最大组群规模达到20架，开展了超视距飞行试验。试验中无人机集群共携带6种载荷，实现了态势感知、医疗援助、后勤补给、爆炸物检测与处置以及电子干扰与欺骗等功能。3名操作员管理着整个无人机集群，采用移动指挥与控制系统，协同处理超视距飞行的无人机集群异构载荷分析任务。

该项目在2020年10月还进行了无人机蜂群电磁作战演示验证，莱昂纳多公司联合英国皇家空军成功完成了一次自主无人机集群的协同演示飞行，

图4-9 英国多无人机轻量作业项目试验

试验演示了利用固定翼无人机的主动式电子噪声与电磁诱饵欺骗技术来压制敌防空雷达的作战样式。

4. 国内蜂群博弈研究进展

我国近年来也积极开展固定翼无人机集群的飞行验证。中国电科集团电子科学研究院先后完成了67架、119架、200架的固定翼无人机集群飞行。2020年9月实现了从轻型战术车辆上的箱形管状发射器阵列中发射一组巡飞弹,公开的试验视频显示了最多11架成群飞行的无人机,以及1个地面操作人员使用平板电脑来进行监视与控制。

2018年1月,国防科技大学智能科学学院无人机系统创新团队针对无人机集群自主协同展开试验飞行,20余架无人机相继起飞,在空中集结编队,飞向指定区域完成侦察任务,验证了分组分簇自适应分布体系架构、并行感知与行为意图预判、按需探测自组织任务规划、极低人机比集群监督控制、以意外事件处理为核心的集群自主飞行控制等多项关键技术。北京航空航天大学仿生自主飞行系统研究组结合生物蜂群智能深入研究了无人机集群编队、目标分配、目标跟踪、集群围捕等任务的关键技术，并于 2018 年 5 月完成基于狼群行为机制的无人机协同任务分配的飞行验证。

4.2.4 未来趋势

由于蜂群智能博弈逐渐在军事中应用，一种新的战斗范式正在形成。战争的优势将取决于其拥有的数据的规模和质量、博弈算法、连接支持的 AI 策略网络、部署支持 AI 的武器以及采用的支持 AI 的创新作战概念。未来蜂群智能博弈的发展趋势主要包括：

● 以蜂群智能为牵引，构建具有任务能力的无人集群系统

由于无人集群是蜂群智能技术验证和应用的理想载体，蜂群智能将赋能无人集群系统，使其能更高效地完成各类任务。如何根据蜂群智能的需求构建无人集群系统，如何根据任务需求提升集群系统的智能程度，开辟一条从理论到实践切实可行的方法路线，尚有待突破。

● 以多样化任务为导向，设计易扩展互操作的集群系统

集群系统本质为数量众多的独立同构/异构实体通过通信构成交联的复杂巨系统。随着规模增加，集群系统的复杂度不论在理论研究还是系统实现上，均呈指数上升。通过规范化/标准化的软件模块、硬件组件和机间交互协议的设计，将不同数量、不同类型的无人平台高效地结合在一起，是体系结构等顶层设计面临的挑战。特别地，现有集群系统往往只考虑执行单一任务，但未来期望集群系统能够遂行多种不同的任务，比如同时兼顾边境巡查、区域封控、通信阻塞等，体系结构的设计需要同时考虑多样化任务需求。因此，设计规模易扩展、适宜于不同任务的体系结构，是集群系统必须考虑的顶层设计。

● 以分布式在线处理为特征，提升协同响应时间和行为决策能力

无人集群需考虑多平台时空约束、动力学约束、任务耦合约束关系等，其状态空间将随无人平台的数量呈幂指数增长，使得集群系统的有效协同必

须以分布式进行。同时，集群在动态时变环境中，比如对时敏目标的察打一体中，需要很强的实时性。另外，集群系统往往以规模优势取代质量优势，且不太在乎部分平台的损毁，因此大规模集群系统往往严格限制单机系统的成本，包括平台、机载控制器、感知/打击载荷以及通信端机等。如何满足在低成本、轻质化的平台和载荷上，实现对计算和存储能力低要求的实时高效的分布协同行为决策算法，将是集群系统未来的重要发展方向。

● 以仿真技术为手段，构建虚实结合的标准化开放性集群协同作战实验环境

大规模集群系统的试验验证，组织困难且成本高昂，在很大程度上限制了集群系统新技术的快速应用和能力提升。另外，集群协同理论和关键技术的研究缺乏整体牵引性，各种集群协同算法"烟囱式"发展，缺乏统一的基本任务、基础平台和可行的比较评判。采用仿真手段构建虚实结合的具有数字孪生特征的算法测试环境，既可包含部分实际载荷系统，也可任意添加高保真度的虚拟无人平台，两者混合执行任务。

4.3 数字孪生驱动博弈

4.3.1 基本概念

数字孪生（digital twin）是以数字化方式创建物理实体的虚拟模型，借助数据模拟物理实体在现实环境中的行为，通过虚实交互反馈、数据融合分析、决策迭代优化等手段，为物理实体增加或扩展新的能力。作为一种利用模型、数据、智能并集成多学科的技术，数字孪生面向产品全生命周期，发挥着连接物理世界和信息世界的桥梁和纽带作用，提供更加实时、高效、智能的服务，如图4-10所示。

数字孪生不仅利用人类已有理论和知识建立虚拟模型，还利用虚拟模型的仿真技术探讨和预测未知世界。随着大数据、物联网、移动互联网、云计

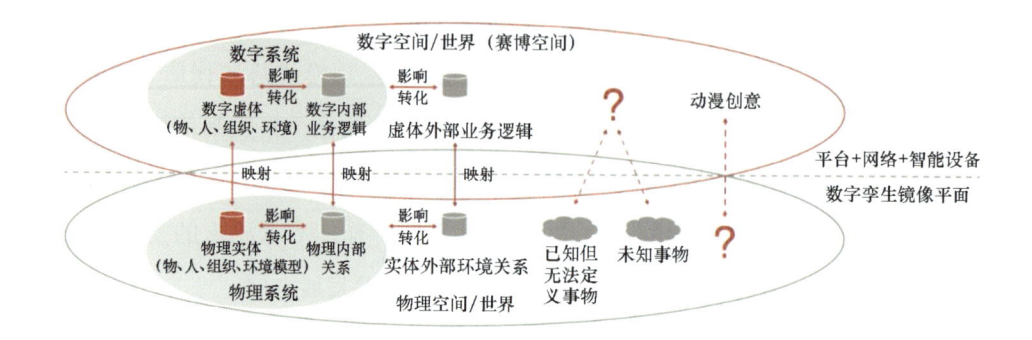

图 4-10　数字孪生概念模型

算、人工智能等新一代信息与通信技术的快速普及与应用，以及德国"工业4.0"、美国"工业互联网"和"中国制造2025"等先进制造战略的提出，数字孪生的范畴不断丰富、不断扩展，为当前制造业的创新和发展提供了新的理念和工具。工业界逐渐形成一种共识，以人的智能为中心，数字和物理世界二者共同孪生演化是信息技术向前发展的一种新形态，也即数智孪生。

数字孪生这一概念最早出现于 2002 年，由密歇根大学的 Michael Grieves 博士在美国制造工程协会管理论坛上提出。他认为，通过利用物理设备的数据，人们可以在虚拟（信息）空间构建一个可以表征该物理设备的虚拟主体和子系统，并且这种联系不是单向和静态的，而是贯穿整个产品的生命周期。受限于当时的建模与仿真技术水平、计算机性能和通信技术、产品数据实时采集技术等，数字孪生概念在提出后相当一段时期内并未得到重视。该概念提出后，Michael Grieves 在论著中先后使用"镜像空间模型""信息映射模型"的名称。2011 年，美国国家航空航天局（National Aeronautics and Space Administration，NASA）工程师 John Vickers 将其命名为"数字孪生"。随后，分层的复杂系统组合与互操作技术也被提出，为构建复杂系统数字孪生提供了可行的理论方法。

随着以物联网、云计算、大数据为代表的新一代信息技术以及多领域仿真技术的快速发展，在产品生命周期中，对生产及运行数据的实时采集、虚实数据之间实时传输，以及在虚拟空间中精确描述物理产品相关属性和行为的能力得到了大幅提高，数字孪生技术逐渐得到重视，并在产品设计优化、状态监控、可预测性维护等方面展现了巨大的潜力。

数字孪生模型可以近似实时地反映工厂现场实际发生的情况。分布在整个物理制造过程中的成千上万个传感器共同收集各种维度的数据——从生产机械的行为特征和进行中的工作（厚度、颜色、质量、硬度、扭矩、速度等）到环境条件工厂本身。这些数据不断地与数字孪生应用程序进行通信并汇总。

这一交互是物理世界与数字世界之间互动的旅程。这样的旅程凸显了数字孪生的巨大潜力：成千上万个传感器进行连续的测量，然后将这些数据流传输到数字平台，再依次执行近实时的分析，以透明方式优化业务流程。

图 4-11 所示的模型通过五个使能组件（来自物理世界的传感器和执行器，来自数字世界的数据和分析，以及二者的融合）和不断更新的数字孪生应用程序进行构建。这些组成元素的具体解释如下：

传感器——在整个制造过程中分布的传感器产生的信号使孪生体能够捕获与现实世界中的物理过程有关的操作和环境数据。

执行器——如果在现实世界中必须采取行动，则数字孪生将通过执行器来产生动作，并受到人类干预，触发物理过程。

数据——来自传感器的实际操作和环境数据经过汇总，与企业数据结合在一起。数据还可能包含其他项目，例如工程图、与外部数据源的连接以及客户投诉日志。

分析——通过算法模拟和可视化例程来分析数据，数字孪生使用该例程来产生洞察力。

融合——传感器通过物理世界和数字世界之间的集成技术（包括边缘、通信接口和安全性）将数据传递到数字世界，反之亦然。

图 4-11 所示的"数字"端是数字孪生本身，是一种将上述组件组合成物理世界及其过程的近实时数字模型的应用程序。数字孪生的目的是沿着各种度量中的任何一个尺寸来确定与最佳条件的最小偏差。这种偏差是业务优化的一种情况，可能是孪生的逻辑有误，或者发现了节省成本、提高质量或

提高效率的机会。由此产生的机会可能导致行动回到现实世界。

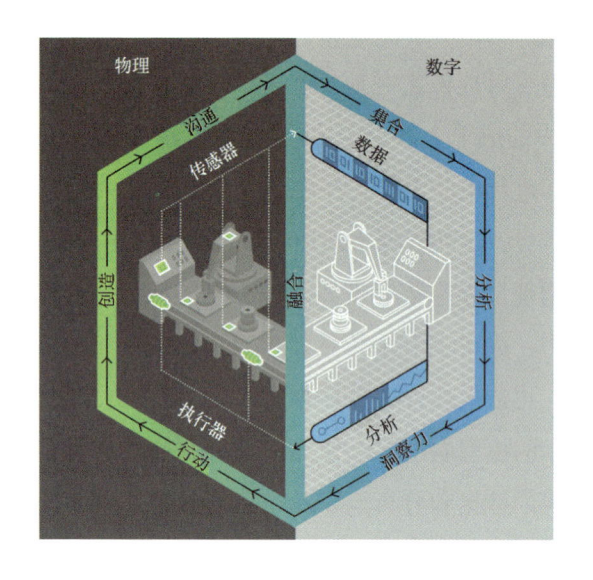

图 4-11 基于数字孪生的制造过程

显然，物理过程（或对象）及其数字孪生模拟物的世界比单个模型或框架所描绘的复杂得多。图 4-11 所示的模型只是一种数字孪生配置，面向制造过程下的产品生命周期。但是模型旨在展示物理和数字的集成。正是通过这一架构，人们才得以创建数字孪生的实际过程。

数字孪生系统本质上是一个由物理实体与孪生体模型结合成的、可进行连续过程控制优化的功能系统，因此数字孪生也成为信息物理系统（cyber-physical systems，CPS）的核心技术之一。数字孪生体具有多种特征，包括虚拟性、多维度性、全生命周期、多学科性等。认识、了解数字孪生，合理地将数字孪生技术用于生产，对于提高生产效率、降低生产成本有着重要意义。

数字孪生最主要的特点是，孪生体模型通过传感器可随时获取物理实体的数据，并随着这个实体一起演变、一起成熟甚至一起衰老。人们可以利用这个模型进行分析、预测、诊断和训练，从而帮助物理对象进行优化和决策。这个过程是一种典型的仿真活动。而面向数字孪生全生命周期（构建、演化、评估、管理、使用）的技术可称为数字孪生技术（digital twin technology）。

在数字孪生基础上，将人的智能和机器智能融入的迭代解决方案，即为数智孪生，其概念框架如图 4-12 所示。

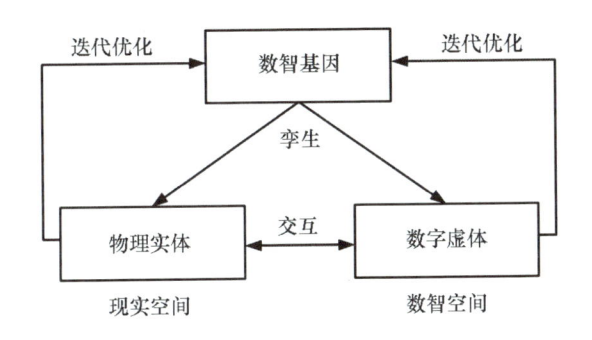

图 4-12 数智孪生概念框架

数智孪生主要包括数智基因、物理实体与数字虚体三部分内容。数智基因是在数字孪生基础上，将人的智能和机器智能融入的迭代解决方案。数智基因是数字智能虚拟世界里的 DNA，是运用前沿技术对体系的基本核心因素进行数字设计与建模并融入智能机制得出的，蕴含人们对虚实世界的基本认识以及在此基础上对未来的设计。物理实体与数字虚体则与数字孪生中的孪生体相对应。

4.3.2 发展现状

随着作战需求的不断发展和作战仿真技术手段的不断提高，数字孪生由传统的面向装备制造发展到面向作战博弈决策。针对作战方案推演评估、战法战术实验分析等现实需求，美军构建了一整套较完整的战役、战术层的作战推演与实验分析系统。

1. 基于兵棋推演的对抗分析系统

美军作为兵棋使用的集大成者，自 19 世纪末期就逐步将兵棋广泛应用在军事教育、作战训练、方案评估和装备论证等方面，取得了很好的效果。美军开发大量兵棋系统，为验证作战方案和战法战术、训练指挥员发挥了重要作用。美国国防部一直将建模与仿真列为重要的国防关键技术，一个多世纪以来，美军建立了"两面神"模拟系统、军团作战模拟系统等多套作战仿真系统，建成了完备的作战仿真体系。而且，这些仿真系统在近现代战争中发挥了重要作用。美国海军自1919年起就开始针对美日在太平洋的交战进行推演，比太平洋战争爆发提早20年以上。美国海军名将切斯特·威廉·尼米兹后来回忆："除了疯狂的'神风特攻'，日本人在这场战争中所能投入的一切资源，都在我们兵棋推演的预料之中。"美军的主要系统有以下十二种。

(1) "两面神"模拟系统

"两面神"模拟系统是一个费用低、灵活、交互式、事件驱动的作战模拟系统，用于训练美军步兵连、排级指挥员及旅、营级参谋人员。用于步兵分队指挥员训练时，该系统能够精确模拟友方和敌方的武器系统，分辨率可达单个装备平台。所模拟的装备平台在系统中都做了明显的属性特征描述，例如空间形状、尺寸、重量、承载能力、装配的武器及性能等，而且所有这些参数都受模拟地形和天候的影响。在后续发展中，系统又增加了武器装备、油料弹药补给、毁伤范围、建筑物毁伤模型和维修行动模拟等内容。

(2) 军团作战模拟系统

军团作战模拟系统支持联合、合成、军、师、旅级别的指挥参谋军官的集体训练。系统主要功能涵盖地面作战、陆军航空兵、炮兵、核生化战、地面机动、防空、特种作战、空中战术行动以及保障。

(3) 联合作战系统

联合作战系统是一个战役级的军事行动模型，由国防部长办公室主持签约开发。它的用户包括美国国防部长办公室、联合参谋部、后勤部和美军作战司令部。该系统能为以上用户提供联合作战仿真，包括作战计划与实施、兵力评估研究、系统采办分析及概念与条令开发。

(4) 联合仿真系统

为了解决不同应用的仿真系统各成体系、标准不一、互操作性差等问题，美军研制了联合仿真系统，旨在通过提供不同类型使命任务各执行阶段逼真的联合训练来支持现役部队的训练和教育。该系统通过提供战场空间的通用环境视图和作战视图,创造了一个无缝连接的一体化联合作战空间。它和战场空间范围内的指挥控制系统以及其他装备相互连接,为受训者提供一个近似实战的联合训练环境。该系统执行了 HLA 标准,实现了仿真应用和底层通信支撑结构相分离的目标,也大大提高了系统各仿真成员之间,仿真成员与指挥、控制、通信、计算机和情报(command,control,communication,computer and intelligence,C^4I)系统之间的互操作性,以及仿真组件的可重用性。

(5)联合建模与仿真系统

联合建模与仿真系统是美国国防部长办公室下属的高级指导小组启动的项目,旨在提供可重用的建模与仿真库的同时,开发一个标准的数字化建模与仿真体系结构和有关工具集,从而支持对武器系统的分析、开发、采办以及测试与评估。该系统主要支持在电子战分析中所用到的红、蓝方系统数字模型的开发,后期系统扩展到对多军种范围内武器系统的支持。该系统主要应用于战术和工程设计层次上的建模与仿真系统中。

(6)扩展防空仿真系统

扩展防空仿真系统是一个集分析、训练、作战规划于一体的多功能仿真系统,是一个描述空战、导弹战、空间战的"多对多"的仿真平台,由美国布朗工程公司开发研制,并由美国陆军空间与导弹防御司令部试验床产品办公室管理。该系统在国防分析与训练领域已得到广泛应用,是美军应用十分成功的仿真系统之一,目前它在全球的用户已超过 390 个。系统描述至武器平台层次,如单架战机,同时具有较详细的指挥、控制、通信、计算机、情报、监视与侦察(command,control,communication,computer,intelligence,surveillance and reconnaissance,C^4ISR)功能模型。系统具有想定管理的灵活性,能够实施双边或多边的对抗仿真。该系统在海湾战争期间为美军"沙漠盾牌""沙漠风暴"作战计划的制订与作战方案的拟制发挥了重要作用,为美军取得海湾战争的胜利立下了汗马功劳。该系统的研制始于 1987 年,该系统始终与仿真技术、战场形势、战场环境、武器装备的发展变化保持高度的同步,不断改进与完善,因而扩展防空仿真系统至今仍是美军仿真系统的代表。

(7) 联合战区级模拟系统

联合战区级模拟系统于 1983 年开始开发，其最初设计目的是用于联合和联军作战计划的开发与分析，现在常被用作训练支持模型。它是计算机辅助的交互式模拟系统，最多可模拟十方参加的空战、海战、陆战、后勤、特种部队作战和情报支援等行动。各方又可进一步细分为不同级别的部队。它还支持有限的核生化武器的影响、低强度冲突和冲突前的行动等模拟。它由六个主程序和众多支持程序组成：想定准备和支持工具、系统设置和初始化程序、战斗事件程序、操作员接口程序、网络支持工具和网络支持的系统执行程序；支持程序用于准备作战想定、运行模拟和分析结果等。作为作战计划的开发和分析工具，联合战区级模拟系统可用于独立战区，既可在单个或多个计算机上运行，也可在单个或多个站点运行。

(8) 联合半自动兵力系统

联合半自动兵力系统是美军联合作战实验和训练的重要工具之一，支持测试与评估、训练、实验等多种应用。其综合环境能够表示真实世界的地形、海洋、天气条件，它们都对仿真兵力的行为和能力有所影响。该系统从一个大型的、世界范围的地形数据库中生成高逼真度的仿真环境，包括城市地形的细节，还能模拟平民的行为细节。该系统已在多次实验和训练演习中使用，如 J9901、UV01、MC02 等，还成功地应用在大型实验活动"城市决心"和"多国实验"中。

(9) 战士仿真系统

战士仿真系统是美国陆军的一个推演训练仿真系统，能够为在联合作战或合成作战想定下进行训练的营级到战区级的指挥员和参谋人员提供一个比较真实的仿真训练环境。为了利用已有的设备资源，其可在现有的作战指挥所中使用，也可与部队现有指挥系统设备与仿真系统实现互联，以减少系统开发与使用的经费开支。该系统支持 DIS 标准与协议，可以兼容各种支持 DIS 标准与协议的推演仿真实体、半自动兵力、推演仿真兼容系统和真实的战斗平台。

（10）网络战仿真系统

网络战仿真系统是一个政府出资建设的项目，目的是为美国政府或美军提供一个较先进的网络仿真平台，用于检验和评估美军通信网络（包含战术、战役与战略三个层次）的信息流运行状态、安全性与可靠性。该系统主要用于支持政府网络建设财政预算、高层次采办与相关政策的定量评估，但是它的设计也可满足作战部队实施通信纲要、建议的通信技术评估及对新的作战构想通信保障能力分析的需要。

（11）战场综合演练场仿真系统

战场综合演练场仿真系统是由美国 DARPA 主持研制的先期概念技术示范项目。该项目的研制开始于 20 世纪 90 年代初，结束于 20 世纪 90 年代末。该仿真系统是美军具有里程碑意义的综合演练仿真系统，仿真实体数最高可达 50 000 个（STOW98-1 演习），系统开发的许多创新技术至今仍在美军一些大型联合仿真系统或仿真标准中普遍使用，如战士仿真系统、联合仿真系统等。该系统的用户可以在没有实际经验的背景下获得对新技术能力的理解。它提供如下功能：在评估过程中，发展和完善军方人员的构想，从而更充分地发掘新技术的应用能力，并且当军方人员获得了对于这种能力的经验与理解之后，能够进一步补充和扩展其作战需求，而后再在实际军事示范演练活动中，如同实战一样操作众多原型系统，从而对所示范技术的军事效用进行完整的评价。

（12）OneSAF 仿真系统

OneSAF 仿真系统是一个可重组的新一代计算机生成兵力（computer generated force，CGF）系统。该系统可对单兵、单作战平台到营层次的作战行动、系统与控制过程进行仿真，对选定兵力单元作战行为建模至营层次，对指挥实体建模至旅层次。OneSAF 仿真系统具有可变的仿真等级，以支持不同领域的建模与仿真。它能够精确、有效地描述部队的作战、作战保障、作战勤务保障行动过程和 C^4I 流程。同时，也能较好地展现物理环境及其对仿真行为和活动的影响。OneSAF 系统的用户域有：研究、开发和采办域，高级概念和需求域，训练、演习和军事行动域。

2. 基于 Agent 的演化仿真分析系统

基于 Agent 的演化仿真是一种自底向上，从局部出发来研究系统整体特性的实验方法。随着现代战争的复杂程度越来越高，基于 Agent 的演化仿真方法逐渐成为最具活力、最有影响的方法之一。比较有代表性的有美国海军作战发展司令部的"阿尔伯特工程"，以及该计划支持开发的不可约半自主自适应作战（irreducible semi-autonomous adaptive combat，ISAAC）系统、增强型 ISAAC 神经仿真工具包（enhanced ISAAC neural simulation tool，EINSTein）系统等。EINSTein 系统是 ISAAC 系统在 Windows 环境下的增强版本，相对 ISAAC 系统，EINSTein 系统在用户界面、个体属性、规则描述、仿真结果的可视化分析以及地形定义等方面得到了加强。EINSTein 系统采用 Agent 方式建立了步兵、坦克等战斗单元的模型，通过仿真揭示高层战术行为和底层战斗动作之间的基本关系。EINSTein 系统重点研究不同底层交互规则所诱发的高层涌现行为，本质上是利用基于 Agent 的复杂适应系统理论研究战争复杂性问题相对成熟的"概念演示实验系统"。

3. 基于系统工程的模拟分析系统

美军在进行军事战略、武器装备体系发展和作战方案评估研究过程中大量运用了分析类仿真系统，典型的包括美国国防部建立的联合作战系统、兰德公司建立的战区级体系对抗分析论证仿真系统、美国空军研究分析局的 THUNDER 系统和 STORM 系统等。联合作战系统是由美国国防部长办公室组织开发的支持联合战役作战方案分析的仿真系统，通过对联合战役作战方案的仿真分析来支持资源配置决策和军事计划编制。联合作战系统以 C^4ISR 为核心，建立了基于感知的指挥控制模型，描述了三维战场空间实体，模拟了在受到后勤资源限制下部队的能力情况。在联合作战系统中，仿真实体的指挥控制能力通过知识库实现，每个知识库由事实、规则和行为三个基本要素组成，仿真实体具备了初步的智能决策能力。

综上可知，作战博弈系统已经成为作战方案评估、作战行动推演和战法战术实验分析的重要手段，备受学者关注。随着计算机技术、军事建模与仿真技术、人工智能技术的不断发展，作战博弈系统构建的技术和方法也在不断成熟和完善。

4.3.3 智能博弈对抗

智能博弈对抗是应用先进智能技术在传统博弈理论上发展而来的，其特征也与传统博弈论有相通之处。数智孪生的智能博弈对抗继承了传统博弈理论，但同时也存在以下四个方面的新特征。

（1）多维信息的支持

战场探测手段不断发展，声、光、电、网等各类传感器使得战场呈现趋向于透明的状态，而支撑博弈对抗的信息源呈现多维、异构的特征，多维信息支撑下的智能博弈对抗面临冗余、矛盾、错误信息的干扰，在数据筛选、信息处理、作战应用方面更为复杂与困难。

（2）多种手段的应用

随着智能化、自主化相关技术的发展与成熟，无人作战逐渐成为有人作战的有效补充，在反应速度、对抗维度、博弈对抗能力上实现颠覆性提升，这使得智能博弈对抗可应用的手段呈现有人和无人结合、实体和虚体空间结合、软杀伤和硬毁伤结合等特征，可用手段不断丰富。

（3）在线学习的进化

智能博弈对抗由传统的基于规则向当前基于深度学习转变，但在战场上存在数据样本少的问题，且深度学习缺乏对陌生战场环境的适应能力，因此以类脑计算、知识图谱等为代表的下一代智能化技术，推动智能博弈对抗向在线的自进化、自学习、自演进发展，达到乃至超越人脑的计算能力。

（4）三体合一的孪生融合

机械化、信息化、智能化的"三化融合"是未来一段时期国防和军队现代化建设的必由之路，而博弈对抗的发展则在"三化融合"的基础上，更进一步地将实体、虚体（数字化）、意识体（智能）等交织，实现理论与技术的融合发展，以理论突破推动技术、装备发展，以数字孪生系统检验、优化实体装备性能，同时在作战中将"三体"综合运用，实现战场维度与战场广度的扩展。

基于数字孪生的军事博弈决策的颠覆性作用体现在以下四个方面：

（1）数化——数字化平行战场

数化是对物理战场世界数字化的过程，这个过程需要将物理对象表达为计算机和网络所能识别的数字模型。建模技术是数字化的核心技术之一，如测绘扫描、几何建模、网格建模、系统建模、流程建模、组织建模等技术。物联网是数化的另一项核心技术，使物理战场世界本身的状态可以被计算机和网络感知、识别和分析。

（2）互动——虚实孪生互动

互动主要是数字对象间及其与物理对象之间的实时动态互动。物联网是实现虚实之间互动的核心技术，数字世界的责任之一是预测和优化，同时根据优化结果干预物理世界，所以需要将指令传递到物理世界。物理世界的新状态需要实时传递到数字世界，作为数字世界的新初始值和新边界条件。另外，这种互动包括数字对象间的互动，依靠数字线程来实现。

（3）先知——面向大数据的动态预测

先知是指利用仿真技术对物理世界的动态预测。这不仅需要数字对象表达物理世界的几何形状，还需要在数字模型中融入物理规律和机理。仿真技术不仅要建立物理对象的数字化模型，还要根据当前状态，通过物理学规律和机理来计算、分析和预测物理对象的未来状态。这种仿真不是对一个阶段或一种现象的仿真，而是对全周期和全领域的动态仿真。

（4）先觉——不确定性下的智能决策

如果说先知是依据物理对象的确定规律和完整机理来预测数字孪生体的未来，那先觉就是依据不完整的信息和不明确的机理并通过工业大数据和机器学习技术来预测未来。如果要求数字孪生体越来越智能和智慧，就不应局限于人类对物理世界的确定性知识，其实人类本身就不是完全依赖确定性知识来领悟世界的。

第 5 章

智能算法对抗博弈

以深度学习为代表的智能算法是军事智能发展的关键，但是其极易被人为的微小扰动所欺骗，导致算法失效。因此，军事应用的强对抗性使得智能算法的博弈技术成为决定未来战争胜负的关键之一。

5.1 基本概念

5.1.1 机器学习

机器学习是一门多学科交叉专业，涵盖概率论知识、统计学知识、近似理论知识和复杂算法知识，它使用计算机作为工具并致力于实时地模拟人类的学习方式，同时将现有内容进行知识结构划分来有效提高学习效率。机器学习的概念涵盖以下几层含义：

- 机器学习是一门人工智能的科学，该领域的主要研究对象是人工智能，特别是如何在经验学习中改善具体算法的性能。

- 机器学习是对能通过经验自动改进的计算机算法的研究。
- 机器学习是用数据或以往的经验优化计算机程序的性能标准。

机器学习是研究怎样使用计算机模拟或实现人类学习活动的科学，是人工智能中最具智能特征、最前沿的研究领域之一。自 20 世纪 80 年代以来，机器学习作为实现人工智能的途径，在人工智能界引起了广泛的关注，特别是近十几年来，机器学习领域的研究进展很快，已成为人工智能的重要课题之一。机器学习不仅在基于知识的系统中得到应用，而且在自然语言理解、非单调推理、机器视觉、模式识别等许多领域也得到了广泛应用。一个系统是否具有学习能力已成为其是否具有"智能"的一个标志。

机器学习的基本思想是用准确的算法从准确的数据中学习到特定事物的内在规律和模式。在大数据时代下，图挖掘、分布式学习、深度学习等理论取得的突破性发展，为机器学习提供了数据和算法层面的强有力支撑，同时促进了机器学习的规模化、产业化发展。

5.1.2 深度学习

深度学习是机器学习领域中一个新的研究方向，它被引入机器学习使其更接近于最初的目标——人工智能。深度学习的概念源于人工神经网络的研究，含有多个隐藏层的多层感知器就是一种深度学习结构，典型的深度学习模型如图 5-1 所示。深度学习通过组合低层特征形成更加抽象的高层来表示属性类别或特征，以发现数据的分布式特征表示。研究深度学习的动机在于建立能模拟人脑进行分析学习的神经网络，它模仿人脑的机制来解释数据，例如图像、声音和文本等。

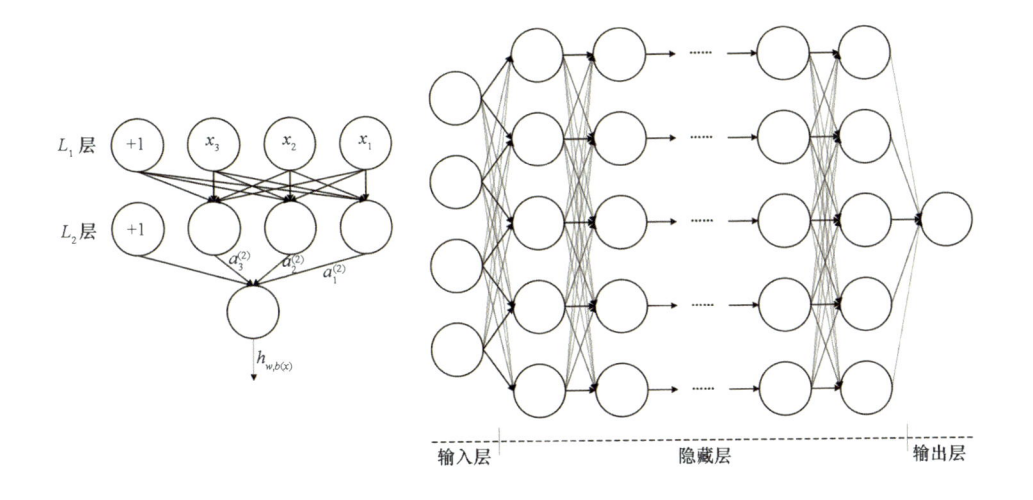

图 5-1 深度学习模型

5.1.3 典型算法博弈攻防

近年来，人工智能的飞速发展与深度神经网络在图像处理、自然语言处理等领域取得的成绩，使得更多的人力物力投入基于深度学习模型的目标识别、图像分割、物体分类和视频分析等研究领域中。随着深度学习的研究成果在机器翻译、图像识别、无人驾驶、自然语言处理、网络图谱分析、电磁空间对抗、生物医疗、金融等领域的广泛应用，人工智能逐步在众多领域替代人类进行自主决策，因此，若数据与算法存在漏洞，则将带来重大的人身伤害和财产损失。接下来对典型算法博弈攻防进行介绍。

1. "投毒"攻击

"投毒"攻击主要是在训练数据中加入精心构造的异常数据，破坏原有训练数据的概率分布，导致模型在某些条件会产生分类或聚类错误，如图 5-2 所示。

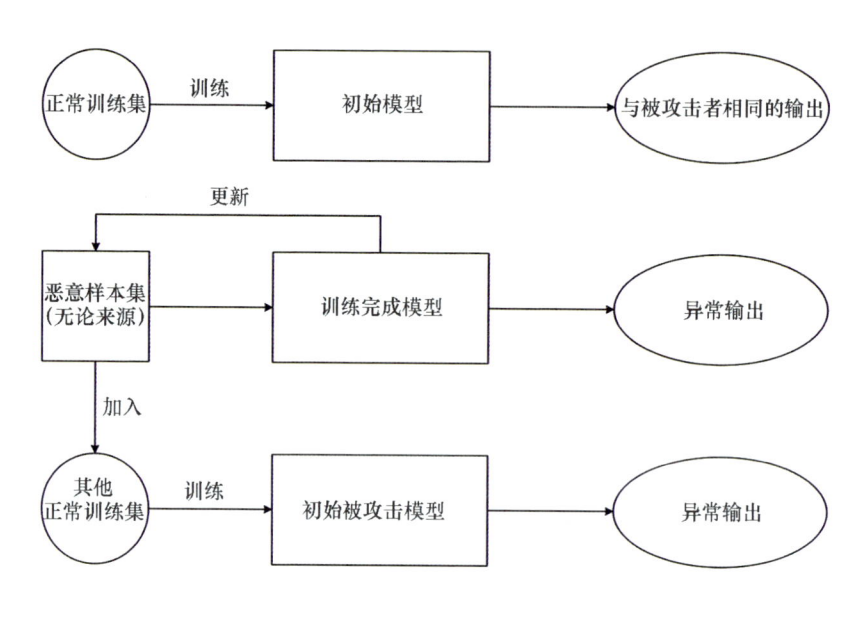

图 5-2 "投毒"攻击示意图

2. 对抗攻击

对抗攻击是对输入添加微小的扰动使得分类器分类错误，一般在用于深度学习网络的攻击算法最为常见，应用场景包括计算机视觉和自然语言处理等，例如对图片添加精心准备的扰动噪声使得分类器分错，或者对一个句子中的某些词进行同义词替换使得情感分类错误。

关于攻击的分类有很多种，从攻击环境来说，可以分为黑盒攻击、白盒攻击和灰盒攻击。

● 黑盒攻击：攻击者对攻击的模型的内部结构、训练参数、防御方法（如果加入了防御手段的话）等一无所知，只能通过输出与模型进行交互。

● 白盒攻击：与黑盒攻击相反，攻击者对模型的一切信息都可以掌握。目前大多数攻击算法都是白盒攻击。白盒攻击的概念最早由 Chow 等人在 2002 年提出，这里的"白盒"与程序检测中"白盒查验"所指的环境有相通之处。在白盒攻击中，攻击者对设备终端（即应用程序的作业环境）具有完全的控制，与软件的施行者具有对等的权利。它能够对程序作业进行二进制寻觅、读取内存中的密钥、查询程序施行的中心作用等。

- 灰盒攻击：介于黑盒攻击和白盒攻击之间，仅仅了解模型的一部分。例如仅仅拿到模型的输出概率，或者只知道模型结构而不知道参数。

从攻击的目的来说，可以分为无目标攻击和有目标攻击。

- 无目标攻击：以图片分类为例，攻击者只需要让目标模型对样本分类错误即可，但并不指定分类错成哪一类。
- 有目标攻击：攻击者指定某一类，使得目标模型不仅对样本分类错误，并且需要错成指定的类别。

从难度上来说，有目标攻击的实现要难于无目标攻击。

5.2 智能算法对抗的背景

近年来，以机器学习尤其是深度学习为代表的人工智能技术的迅速发展正在深刻改变人类的生产和生活方式，推动作战样式逐步转变为人机协同系统的全方位对抗，从而催生全新的战争形态，给未来战争带来长远性和革命性的影响。随着人工智能的发展和广泛应用，在未来战争的诸多任务当中，计算机将和人类一起应对瞬息万变的复杂环境。

人工智能在飞速推动技术革命和产业进步的同时，其存在的安全风险也逐渐暴露出来。研究发现，许多在数据集上表现良好的算法非常容易被人眼不可见的对抗样本欺骗，导致智能算法判断失准。这可能是通过对图像添加微小的扰动，构造对抗样本，从而以高概率欺骗在正常样本上工作良好的深度学习图像分类模型。

研究和实验表明，除图像之外，在语音识别领域可以通过加入简单的噪声，致使语音控制系统调用恶意应用；在聊天机器人中，可以通过刻意修改终端回传的数据或刻意与机器人进行某些恶意对话，导致后端智能算法预测错误；在网络攻击中，可以通过修改恶意文件绕开恶意文件检测或恶意流量检测等基于人工智能的检测工具。随着人工智能系统的日益普及，对抗攻击所带来的危害日益严重，尤其是在军事领域，安全隐患巨大。如果智能算法被恶意攻击，轻则造成财产损失、威胁人身安全，重则影响战斗的结果，极大地制约了人工智能系统在军事领域的部署和应用。

军事领域存在各种复杂场景下的物体识别与行为分析任务。例如，在军事作战应用场景中，需要准确快速识别敌方武器装备，预测火力打击点，分析作战人员行为模式，提供战略部署依据；在反恐维稳应用场景中，需要准确高效识别人员密集程度、恐怖分子、炸药、机枪及易燃物，预测袭击易发点，实现预警功能；在无人战场中，需要识别无人机、无人车、机器人等目标并判断其威胁程度；在各种复杂恶劣的军事对抗环境中，普遍需要识别的目标包括士兵、平民、暴徒等有生力量，以及坦克、汽车、机枪、手榴弹等非有生力量。在完成目标识别后，需要综合利用多源数据，根据目标的运动轨迹分析其行为模式，如枪击、火箭推进榴弹攻击、坦克瞄准、手榴弹投掷、自杀式爆炸袭击等。快速高效的目标识别和行为分析，能够为自主无人平台和智能化火控系统提供威胁判断和自主决策依据，提高复杂对抗战场的精准打击能力，提升作战水平，进而实现未来战争的无人化、智能化。

目标物体的识别是指在采集到的数字图像上框定各种目标，识别并输出目标类型，图像处理的传统方法是使用矩形框定，要求边框与目标真实轮廓线尽可能相切。目标的行为模式分析是在确定目标位置后，依据图像中的上下文信息进行静态行为分析，或者依据视频中的时序信息进行动态行为分析。研究目标识别与行为分析，是计算机视觉中的重要任务，能够为军事作战、安防监控等多领域服务。

尽管机器学习在自动驾驶、智能安防、智慧医疗等关键领域有深入应用，但其本身仍然面临着诸多安全威胁。智能算法的安全性和潜在的安全隐患引起了世界各国的广泛重视。2016年2月，时任美国情报总监詹姆斯·克拉珀在参议院武装力量委员会的听证会上认为，人工智能系统的欺骗性和破坏性难以预测和理解，将对国家安全和关键信息基础设施带来巨大风险。

2017年2月，360安全研究院出具的《AI安全风险白皮书》指出，利用深度学习中的数据流处理可以实现降维攻击，以假乱真的对抗样本可能导致人工智能所驱动的识别系统出现漏判或者误判，深度学习框架中的软件实现漏洞也会造成系统拒绝服务攻击、控制流劫持等问题；此外，机器学习应用提供的应用程序接口将模型的输入输出接口直接或间接暴露出来，模型自身的逻辑或训练数据的信息都有可能被恶意用户窃取。从安全的角度来说，数据正确性、算法正确性、环境安全性的假设不再成立，机器学习在数据层、模型层、应用层的安全威胁都呈现出多样性、隐蔽性和动态化的特征。

2017年2月，牛津大学召开研讨会，共同探究人工智能的发展可能带来的安全问题。2018年以来，360安全研究院、OpenAI、人类未来研究所、牛津大学、剑桥大学等先后发布了人工智能的安全报告，充分探讨了"面对人工智能恶意使用时所需要进行的预测、预防和缓解方法"。同年9月和12月，美国相继发布《机器崛起：人工智能及对美国政策不断增长的影响》的AI白皮书和DARPA的采购文件，分析了AI安全面临的挑战，尤其是恶意使用、算法漏洞、"投毒"攻击等问题。尤其在2018年9月，DARPA宣布对人工智能的投资增加20亿美元，布局下一代人工智能，将对抗人工智能作为五大重点领域之一，并随之启动了GARD（确保AI对欺骗鲁棒）、CAML（能力感知机器学习）以及QED RML（量化集成多样性的鲁棒机器学习）等相关项目，确保人工智能方法的鲁棒性和可信赖性。

5.2.1 机器学习模型的安全性问题

机器学习模型安全与隐私问题的研究是随着机器学习理论和技术的进步而不断深入的，尤其是深度学习、强化学习、迁移学习等新一代机器学习技术的发展，给机器学习模型的安全应用和隐私保护带来了新的挑战。以下从机器学习模型的安全问题出发，介绍现有研究成果并总结其存在的不足。

早期的研究主要针对支持向量机（support vector machine，SVM）、朴素贝叶斯、聚类和特征选择等传统学习方法，而目前大量的安全威胁主要针对深度神经网络等深度学习网络。Szegedy 的研究团队首次提出用轻微扰动的图片来欺骗训练好的 DNN，随后其他研究者相继提出了很多对抗样本生成和攻击的实例。

对抗样本也能够攻击人脸识别、自动驾驶、语音识别、恶意软件检测、垃圾邮件过滤、文本处理等不同应用。除了 DNN 模型，生成模型、强化学习、循环神经网络（recurrent neural network，RNN）、卷积神经网络（convolutional neural network，CNN）等模型也面临对抗样本的威胁。

1. 攻击方法

针对机器学习模型的攻击主要分为"投毒"攻击（poisoning attack）、逃逸攻击（evasion attack）、模仿攻击（impersonate attack）。"投毒"攻击主要是对机器学习的训练数据进行"投毒"，通过注入一些攻击者精心伪造的恶意样本（带有错误的标签或欺骗性的扰动），破坏原有训练数据的概率分布，从而使训练出的模型的分类或者聚类精度降低，达到破坏训练模型的目的。现有研究表明，聚类算法、SVM 算法、神经网络算法、主成分分析法、最小绝对收缩和选择等特征选择算法都面临着"投毒"攻击的威胁。

逃逸攻击和模仿攻击都是一种欺骗攻击。逃逸攻击通过产生一些可以使机器学习模型产生错误预测结果的对抗样本，实现逃避检测的目标。模仿攻击是一种和逃逸攻击很类似的欺骗攻击，侧重对合法样本的模仿。攻击者通过产生特定的对抗样本，使机器学习模型错误地将人类看起来差距很大的样本错分类为攻击者想要模仿的样本。

生成高质量的对抗样本是欺骗攻击的关键，相关技术包括基于直接梯度的方法、基于梯度估计的方法、基于对抗转化的方法、基于生成网络的方法以及基于差分进化的方法等。

2. 防御方法

针对"投毒"攻击的防御策略主要采用数据清洗来去除恶意训练数据，是一种比较直接和实用的防御手段。另一种防御方法是通过提高算法的鲁棒性来限制恶意训练数据的影响。Biggio 等提出了 Bagging（bootstrap aggregating）和 RSM（random subspace method）两种基于随机化和模型集成的方法来防御"投毒"攻击。Rubinstein 等提出的一种 Antidote 方法对原来的 PCA 算法进行了改进，可以降低恶意训练数据的影响。这三种方法抵抗简单的"投毒"攻击都取得了较好的效果，但无法应对更加精心设计的隐蔽恶意数据。针对欺骗攻击的防御方法主要是通过对抗训练或平滑模型的输出来抵抗对抗样本中的扰动。Szegedy 等提出在训练集中注入带有完全标注的对抗样本，这种混合了合法样本和对抗样本的训练方法能够增强模型的鲁棒性。Goodfellow 等也通过在 MNIST 数据集上加入对抗训练的方法使模型识别对抗样本的错误率从 89.4% 降到 17.9%。

相对于在训练集中加入对抗样本，也有通过平滑模型输出的机制来加强模型在小扰动下的鲁棒性，如深度收缩网络（deep contractive networks）、防御蒸馏（defensive distillation）技术等。但以上方法只能抵抗有限的对抗样本，不断进化和变种的对抗样本仍然能够绕过检测。来自麻省理工学院和加利福尼亚大学伯克利分校的研究者分析了 2018 年国际学习表征会议（ICLR 2018）收录的八篇关于对抗样本的论文中的防御方法鲁棒性，发现其中七种防御方法可以通过改进的攻击技术攻破。

由此可见，现有的防护机制大多是针对特定任务和已知攻击的，而随着机器学习的深入应用，模型的攻击面也在不断演化，亟须建立一个统一的安全评估和验证平台，为机器学习模型的安全应用提供基准测试。

5.2.2 机器学习模型的隐私性问题

1. 攻击方法

在隐私方面，机器学习模型的训练数据及模型本身可能会被成员攻击（membership attack）、逆向攻击（inversion attack）、训练数据提取（training data extraction）等方法获取。成员攻击是指推测模型训练中有没有使用某个特定的训练点。Shokri 等在深度神经网络场景下提出了一种成员推测攻击方法，通过观察目标模型对训练数据点和非训练数据点的不同输出来判断某一条数据是否包含在目标模型的训练集中。逆向攻击是指利用机器学习系统提供的 API 来获取一些初步信息，进而通过这些信息对模型进行逆向分析，从而获取模型内部的结构、参数和隐私数据。

训练数据提取是指从已经部署的模型中提取更多有关训练数据的总体统计信息。Ateniese 等通过训练一个 meta-classifier 对机器学习模型判别其数据集是否遵循某个统计分布。Fredrikson 等研究了用于药物遗传学的机器学习模型中的隐私问题，指出攻击者可以通过使用模型和患者使用的药物剂量的辅助信息来获取患者的基因信息。此外，机器学习模型在多方协同训练过程中可能会泄露用户的敏感数据。

2. 防御方法

现有的机器学习模型隐私保护方法主要是基于差分隐私理论和同态加密算法。针对数据泄露的差分隐私包括对训练数据增加噪声、知识聚合等策略。针对模型逆向的差分隐私策略主要通过在训练过程中对参数的更新过程加入噪声。Abadi 等人提出一种在随机梯度下降阶段加入随机扰动参数的方法，并证明这种扰动满足差分隐私。Dowlin 等人提出了一种可应用于加密数据的近似神经网络 CryptoNet，在 MNIST 手写识别数据集上的分类准确率达到 99%。Shokri 等人实现了一个隐私保护型多方协同训练系统，每个用户通过在自己的数据集上独立训练本地模型并与协同训练者共享部分参数，实现了深度学习中优化算法的并行化，从而在不共享数据集的情况下进行协同训练。综上，机器学习模型隐私泄露风险极高且后果严重，虽然已经引起研究人员的关注，但与安全方面相比，机器学习模型隐私方面的相关工作较少，仍处于探索阶段。

5.3 智能算法博弈攻防的应用

随着深度学习方法在各个领域的推广应用,其模型的安全漏洞与检测方法研究也在不同领域展开,其中主要的攻防应用领域包括图像识别、语音识别、自然语言处理、生物特征认证、网络分析、软件工程领域、信号分析等。

5.3.1 图像识别

除了针对图像分类任务的深度学习模型的对抗攻击,还出现了针对其他深度模型的对抗攻击,包括对深度生成模型、深度增强学习、语义分割和目标检测、面部特征和 3D 对象的攻击。Tabacof 等研究了针对自动编码器的对抗攻击,提出了一种技术来变换输入图像(使之成为对抗样本),误导自编码器重构出的图像完全不同于原图像,从而实现攻击。Kos 等探讨了计算深度生成模型的对抗样本方法,分别提出三种不同类型的攻击方式,破坏基于变分自动编码器的生成式对抗网络(VAE-GANS),导致生成模型将输入转化为截然不同的输出。Papernot 等成功地生成了循环神经网络的对抗输入序列,证明了用于计算前馈神经网络的对抗攻击算法也适用于欺骗循环神经网络。Lin 等对深度增强学习提出了"战略性时间攻击"和"迷惑攻击"两个对抗攻击的概念,功能分别是使智能体的奖励最小化和将智能体引诱到指定的目标状态。此外,Huang 等使用快速梯度符号法(fast gradient sign method,FGSM)攻击实现深度强化学习环境下的训练策略性能显著降低。Metzen 等发现存在与图像无关的几乎不可察觉的扰动可以欺骗深度神经网络,严重破坏图像的预测分割。

此外,Metzen 等还发现可以通过计算噪声矢量从分割图像中去除特定的类,同时保持大部分的分割目标不变。Arnab 等评估了基于 FGSM 对抗攻击的语义分割,并指出这些分类攻击不能直接迁移到分割任务。Xie 等观察到语义分割可以被分为图像分类中的多个目标，即图像分割中的一个像素或可接受的区域以及检测对象，从而得到语义分割和对象检测的对抗样本。Rozsa 等通过生成对抗样本来改变面部特征识别的结果，探索了使用 CelebA 数据集的多种深度学习方法的稳定性，发现深度神经网络抵御对抗攻击的鲁棒性在面部特征之间差别很大。Athalye 等介绍了一种构建三维物体对抗样本的方法，设计了"期望转换"（expectation over transformation，EOT）框架，能够构建整个图像/对象转换分布上的对抗样本，并打印任意对抗 3D 对象在各视角上欺骗神经网络。

5.3.2 语音识别

随着深度学习模型在语音识别领域的深度应用，其安全隐患也日益凸显。Yakura 等提出了一种通过模拟回放或录制所引起的转换，并将其融入生成过程中，生成即使在物理世界中播放时也能攻击的对抗性样本的方法。这是目前第一种成功生成这种对抗性样本的方法，证明实现针对自动语音识别系统的黑盒目标攻击是可能的。通过使用遗传算法，他们能够迭代地对音频样本加上噪声，在每一代剔除表现不佳的音频样本，最终得到一个干扰版本的输入，成功地骗过了分类系统。Taori 等结合遗传算法和梯度估计，实现了生成黑盒对抗音频样本。这种方式产生的样本比每个算法单独产生的要好。该方法不仅在大多数音频样本中能够达到完美或近乎完美的目标转录，而且与此同时能保持高度的相似性。此外，动量突变和只在高频中加入噪声的使用提高了方法的有效性。

动量突变放大了算法开始时的探索，最后进行了退火，它体现了遗传算法与梯度估计相结合的优点。将噪声限制在高频范围内，既避免了噪声对人类语音的干扰，又避免了噪声对音频样本相关性的干扰，从而在主观上提高了相似性。这一任务之前被证明是困难的，Carlini 提出了一种通过 MFC 层传递梯度的方法克服了这一困难。该方法应用在 Mozilla DeepSpeech 模型中，能生成 99.9% 以上相似的样本，目标攻击准确率达到 100%。

5.3.3 自然语言处理

深度学习技术的发展大大提升了自然语言处理的性能，但是也产生了基于深度模型的虚假评论生成攻击。

Zhang 等设计了自然语言处理中的 Fake GAN，首次将 GAN 应用于虚假评论生成。该方法使用了两个鉴别器模型 D 和 D'，以及一个生成模型 G。鉴别器模型 D 试图区分真实的和虚假的评论，而 D' 试图区分由生成模型 G 生成的评论和从欺骗性评论分布中提取的样本。模型 D' 有助于 G 生成接近虚假评论分布的评论，而 D 有助于 G 生成被 D 分类为真实的评论。针对人为的及机器生成的虚假评论，Zhang 等提出利用循环卷积神经网络进行识别检测。由于欺骗性评论和真实性评论分别是由没有实际经验的用户或机器和有实际经验的用户所写，因此这些评论的输出者应该对他们所描述的目标有不同的语境知识。同时，他们设计了六个成分作为循环卷积向量来表示评论中的每个词，从而区分网络评论中所包含的欺骗性和真实性的语境知识。

5.3.4 生物特征认证

目前，主流的生物特征认证包括人脸识别认证和指纹识别认证。以人脸识别系统为例，主要用于身份认证，一旦漏洞被攻击成功，后果十分严重。因此，研究针对此类应用的攻击，发现其中的脆弱性，对于提高模型的鲁棒性具有重要意义。

人脸识别领域中的主流算法都是基于深度学习的，但深度学习模型易受细微扰动的攻击。攻击者通过细微修改输入数据，使得扰动无法被用户肉眼察觉，但机器接受该数据后由原来的正确分类变为错误分类，这就是深度学习中的对抗攻击。一般认为，深度学习模型的高维线性等特征导致了对抗样本的存在，利用对抗样本干扰深度学习系统，是近年来人工智能领域出现的对抗攻击。具有代表性的对抗攻击方法有快速梯度符号法、基于雅可比的显著图的攻击（Jacobian-based saliency map attack，JSMA）、C&W 攻击法（Carlini and Wagner attacks，C&W）、基本迭代法（basic iterative methods，BIM）以及 DeepFool 等。

针对人脸识别模型的攻击主要是通过在人脸图像上添加扰动实现错误识别的目的，而且目前针对人脸识别的攻击研究不仅局限于数据空间，同时发展到了物理空间。数字环境的脸部像素扰动虽然可以在图片攻击时实现人脸冒充，但可能无法成功应用于物理场景。

为解决这一问题，研究者使用面部配件来实现物理攻击。攻击者可以通过佩戴特殊设计的眼镜、耳环、帽子、胡子等造成人脸识别模型的错误输出，从而达到冒充或者躲避的目的。使用面部配件的一个优点是它可以相对容易地在实际场景中使用，不会轻易被人为识破。打印出的眼镜框等面部配件可以使攻击合理且隐蔽，让攻击者看起来更加自然。

5.3.5 网络分析

随着深度学习在网络分析的逐渐深入，网络图算法日益精准，然而此类算法尚存在安全漏洞，特别是基于机器学习的网络算法本质上也存在潜在安全漏洞，容易遭到攻击。比如，针对节点分类的对抗攻击，可以使得目标节点被误分类，从而实现节点的属性隐匿；针对链路预测的攻击，可以使得链路预测错误，实现关键连边的隐匿；针对网络聚类的攻击，可以使得网络社区划分出错，实现特定社区隐匿；针对传播模型的攻击，通过修改微小的网络结构，从而加速或阻滞特定消息的传播，在一定程度上实现消息传播控制；而针对图嵌入方法的攻击，会得到错误的嵌入向量，造成后续的一系列网络算法结果出错，实现普适攻击。所有这些都可以与图像视频领域的对抗攻击做类比，即通过微扰目标网络的极少数节点和连边使得对应的网络算法失效。此类针对网络算法的对抗攻击策略对于网络分析者而言，看上去是一种破坏和干扰；而对于互联网用户而言，则可以认为是一种隐私保护策略，可以在一定程度上降低信息泄露的风险。

深度学习领域知名学者燕乐存赞誉生成对抗网络，认为其是机器学习过去十年里最激动人心的想法。竞争促进提高，针对网络算法的对抗攻防也必将成为网络算法进一步提升的重要驱动力。值得指出的是，针对网络算法的对抗攻防有别于网络科学领域的级联故障和攻击，后者通常针对网络结构存在的脆弱性（无关乎算法），通过攻击网络本身（移除节点和连边）致使网络功能崩溃，如针对电力传输网络、互联网、车联网和军事通信网等的攻击。一个典型的指标是攻击后使得网络的连通性急剧恶化。

5.4 智能算法博弈面临的挑战

国内外智能算法的博弈研究尚处于起步状态，虽然可以在一定条件下进行成功的攻击或者防御，但仍未解决攻击效率低、防御代价大等突出问题。目前多数的博弈对抗防御方法是基于经验的，比如对抗训练方法、去噪器方法、模型增强方法等。研究表明，很多防御对抗样本的方法在很短的时间就会被后来的对抗攻击算法攻破。其重要原因之一是深度学习只是在做简单的函数拟合，缺乏像人一样对问题的理解能力。

2016年，《自然》杂志上刊登了题为"Can we open the black box of AI"的文章，指出神经网络的黑盒属性是导致深度神经网络鲁棒性不足、易受攻击的重要原因。

将深度学习方法直接引入军事领域复杂环境下的目标识别、行为分析、群体联网作战以及电磁空间信号处理等，则会面临以下几个方面的挑战：

● 对抗环境下模型的可信性问题。基于深度学习的目标识别与行为识别智能系统，需在复杂对抗环境中实现高精度的实时检测，并能有效实现数据与算法的安全检测，防止恶意攻击存在。

● 深度学习模型的可控可解释性问题。鉴于深度学习模型是一个数据驱动的黑箱模型，很多应用场合因为对模型的不可控、不可解释而放弃了深度学习模型的使用。如果能从可视化的角度出发，分析深度学习模型逐层特征抽象与泛化能力，通过可视化的方式使特征与分类表征可控可解释，将进一步推动深度学习模型在军事领域的广泛应用。

● 如何保障机器学习训练数据的质量和隐私问题。在机器学习模型训练过程中，攻击者可以通过精心修改现有的训练数据影响模型的准确性，或者不断生成新的对抗样本使模型预测错误。然而，当前面向机器学习的数据收集与处理过程大多假定一个善意或封闭的场景，较少考虑存在恶意样本的情况。此外，机器学习模型的训练数据可能包含用户的敏感信息，这些训练数据还面临被攻击者窃取的威胁。因此，需研究面向机器学习的数据质量多维度增强、恶意数据动态检测、敏感数据隐私化等可信处理技术，为机器学习提供高精度、高质量、高保密的训练数据。

● 对抗环境下的机器学习模型如何提升其自身安全性问题。现有的机器学习模型存在原生性安全问题，例如，模型在设计时可能被植入后门等恶意单元，模型实现时依赖的第三方框架中存在软件漏洞。然而，极少研究关注机器学习模型设计和实现的漏洞，无法保证机器学习模型的原生安全。除此之外，模型在多方训练过程中数据可能被泄露，不断演化的对抗样本还会造成欺骗攻击。传统的模型评估与安全验证手段已经无法有效地保障机器学习模型自身的安全性，需突破恶意模型检测、模型漏洞挖掘、安全多方训练、对抗训练等理论与技术，提高机器学习模型全生命周期的安全性与模型自身的鲁棒性。

● 开放场景下的机器学习应用如何实现隐私防护与风险评估问题。机器学习服务平台为数据持有者训练和使用模型提供了便利，但同时也为应用层的攻击行为提供了新的途径。攻击者能通过观察模型的输出来推断模型结构、参数等内部构件以及用户的敏感信息，异常数据还可能对机器学习应用造成拒绝服务攻击。因此，面对隐私窃取和未知风险，需要对现实世界中的攻击行为、数据分布进行建模，并对应用系统进行仿真攻击和风险评估，从而在实际应用中最大限度地保护模型隐私，预先进行风险防范，实现机器学习应用层的主动防御。

5.5 发展趋势

整体而言，国内外对智能算法对抗攻防的研究还处于起步阶段，存在攻击效率低、防御代价大、物理实现难等问题，缺乏统一的理论指导框架，无法解决智能算法安全性问题，难以从根本上提升智能算法的对抗能力。鉴于此，当前智能算法对抗攻防研究将朝以下几方面发展：

- 研究方式从经验启发向理论指导过渡。对抗攻防所涉及的子类繁多，当前缺乏统一的理论分析。后者能够对对抗性攻击生成机理与方法、多样攻击统一模型框架、对抗攻击协同防御理论、多模态信息融合下的物理世界对抗样本的产生机理等提供指导，从而建立高效的多任务模型框架，是当前研究的一个重要趋势。

- 对抗防御从黑盒方法向灰盒方法转变。目前多数的对抗防御方法是基于启发式的，理解机器学习模型的内部工作机理，研究具有可解释的机器学习理论，能够提升构建识别对抗样本的能力与效率，是提高人工智能鲁棒性的一个主要趋势。

- 对抗攻击从低效算法向高效算法演进。当前在特定场景下研究的对抗攻击策略存在效率低、迁移难的问题，如何进一步降低对样本的扰动、减少查询次数、提高对抗攻击尤其是黑盒攻击和目标攻击的成功率都是当前的研究热点。

- 应用场景从数字世界向物理世界扩展。目前军事智能对抗攻防研究绝大多数仅限于数字世界的问题，而智能技术的落地必然需要将对抗攻防算法迁移到物理世界的方法。研究解决物理对抗样本攻击成功率低、受视角和环境因素影响大的困难，是一种必然的发展趋势。

第6章
从智能博弈到智能指挥决策

> 战场上作战双方指挥官无时无刻不在进行策略的博弈，都力争使用对己方最优的策略以取得战争的胜利，且随着战场态势的推进，双方的指挥决策会不断更新，并持续将对方的决策纳入己方的决策考虑中。只有以迭代的思想反复更新策略，才能在博弈中掌握主动。

随着军事装备越来越先进，战场态势变化得越来越迅速，预测对方的战术策略变得越来越困难。传统的博弈仿真无法完全地模拟作战双方的博弈过程，迫切需要使用智能博弈技术对作战双方进行更智能的模拟和博弈策略的优化，大力增强指挥员助手职能，创新智能指挥控制新模式。

6.1 美军智能指挥决策系统发展

2019年12月，美国战略与预算评估中心提出"决策中心战"的概念，其主要逻辑起点是：美军过去主要与叙利亚、伊拉克、阿富汗这一类国家或其恐怖组织对抗，但他们都没有对美军重大战争资产（比如航母、基地等）进行打击的能力，但在美军设想的未来大国对抗过程中，这些资产有可能被摧毁，美军将不再占有绝对优势。因此，美军必须引入新的作战概念加以应对，比如分布式作战，即把大平台拆成很多小平台参与作战。这就需要小平台能够做出更快、更好的决策，而不是比消耗，这就是所谓"马赛克战"的由来。也就是说，决策复杂度本身也是一种武器。

20世纪70年代，美军提出了决策支持系统（decision support system，DSS），希望借助计算机，基于模型库、数据库、知识库和方法库等，为决策人员提供帮助。基于该模式，美军研制了联合作战计划和执行系统、战区级作战方案评估系统、计算机辅助任务规划系统、联合任务规划系统、参谋计划与决策支持系统等一系列指挥控制决策支持系统。这些系统已在实际军事行动中得到应用，如20世纪90年代初的"沙漠风暴"行动，从最简单的货物空运到复杂的行动协调均由专家系统完成。但这类系统大多采用人在回路的方式，指挥员仍是指挥决策的关键，目标分析和方案拟定等关键步骤也主要由指挥员完成，机器仅提供计算层面的支持。现在看来，这些系统仍属于初级计算智能，未发展到感知和认知智能。

随着"深蓝"战胜卡斯帕罗夫，以及2016年AlphaGo的大放异彩，世界上掀起了发展指挥控制智能化的一轮热潮。以美国为代表的军事强国纷纷开展了以"深绿""指挥官虚拟参谋""指南针"等为代表的相关研究。

6.1.1 "深绿"系统

"深绿"（Deep Green），是美军在2007年启动的一项面向美国陆军旅级的指挥控制领域的研究计划，受"深蓝"计算机战胜卡斯帕罗夫影响，取名"深绿"（图6-1），旨在运用计算机仿真技术推演未来态势发展的多种可能，帮助指挥员提前思考是否需要调整计划，并协助指挥员生成新的替代方案。如图6-2所示，美军"深绿"系统包括"指挥官助手""闪电战""水晶球"三部分。"指挥官助手"支持用户以手绘草图结合语音的方式快速制订方案。

图 6-1 美军"深绿"计划

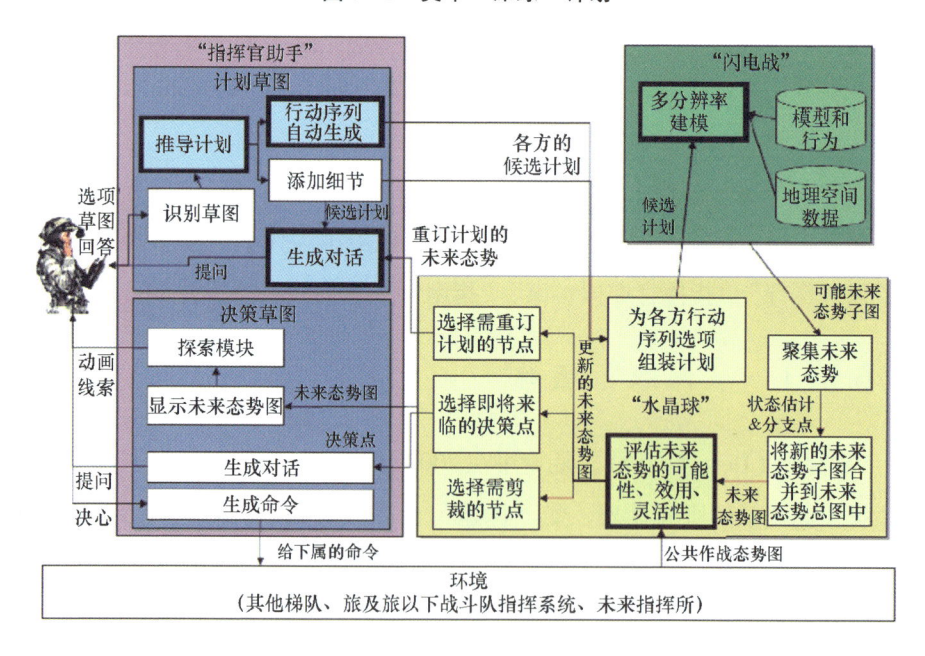

图 6-2 美军"深绿"系统结构

"闪电战"对作战计划及战场态势进行快速仿真推演，生成一系列可能结果。"水晶球"收集各种计划方案，更新战场当前态势，控制快速仿真推演。"深绿"计划可视为美军发展指挥控制智能化迈出的第一步。该计划由于技术瓶颈等多方面原因于 2011 年被中止。

"深绿"系统的核心技术是仿真推演，其擅长逼真地、量化地模拟战场上复杂多因素综合作用的过程和结果（很难用数学公式描述），从而实现智能战争预测，同时还可以帮助人理解量变交叉作用之后可能的质变，从而对方案做出优化。

"深绿"系统遇到的瓶颈是不确定性，主要是无法应对分支太多的情形，各种不确定性的组合爆炸是最大的难题（每个分支都要仿真模拟一遍，成本高昂，无法实现），但"战争迷雾"无处不在，只有在战术层面或短时间内，不确定性才相对较少。

"深绿"系统的可贵之处在于它采用的是一种基于仿真环境的实践思维，比任何理论模型都更有说服力。遗憾的是，受当时 AI 技术发展水平限制，"深绿"系统中并没有用到机器学习技术，导致实践积累的经验没能转换成知识。

6.1.2 "指挥官虚拟参谋"项目

"指挥官虚拟参谋"（commander's virtual staff，CVS）是美国陆军通信电子研究、开发与工程中心下设的指挥、力量和集成局 2015 年着手规划的项目，是继"深绿"计划后美军发展指挥控制智能化的又一重要举措。CVS 借鉴 Siri、Watson 等产品理念，扮演类似参谋或助手的角色。

CVS 旨在综合应用认知计算、人工智能和计算机自动化等智能化技术，应对海量数据源及复杂的战场态势，提供主动建议、高级分析及针对个人需求和偏好量身定制的自然人机交互，从而为陆军指挥官及其参谋制定战术决策提供从规划、准备、执行到行动回顾全过程的决策支持。其采用工作流和自动化技术帮助营级指挥官和参谋监控作战行动、同步人员处理、支持实时行动评估，在复杂环境中为决策制定提供可用的信息。

6.1.3 "指南针"项目

2018年3月，DARPA战略技术办公室发布了一项名为"指南针"（compass）的项目，旨在帮助作战人员通过衡量对手对各种刺激手段的反应来弄清对手的意图。目前采用的OODA环不适合于"灰色地带"作战，因为这种环境中的信息通常不够丰富，无法得出结论，且对手经常故意植入某些信息来掩盖真实目的。该项目试图从两个角度来解决问题：首先试图确定对手的行动和意图，然后确定对手如何执行这些计划，如地点、时机、具体执行人等。但在确定这些之前必须分析数据，了解数据的不同含义，为对手的行动路径建立模型，这就是博弈论的切入点。然后在重复的博弈论过程中使用人工智能技术在对手真实意图的基础上试图确定最有效的行动选项。

"指南针"项目包含三个技术领域：第一个技术领域侧重于了解对手长期的意图、策略；第二个技术领域侧重于战术和动态作战环境的短期态势感知；第三个技术领域侧重于建立指挥官工具箱。该项目利用现有的先进技术，包括从非结构化信息源中提取事件的技术（例如主题建模和事件提取）等。该项目能够应对不同类型的"灰色地带"情况，包括但不限于关键基础设施中断、信息作战、政治压力、经济勒索、安全部队援助、腐败、选举干预、社会不和谐以及混乱等。该项目的测试与评估团队在虚拟环境中对技术进行评估，并通过实时建模仿真推动技术评估。

不难看出，美军致力于通过CVS、"指南针"等项目，打造集战场态势分析与研判、复杂对抗环境下的智能任务规划、战前和战中资源调度为一体的全方位智能化指挥控制系统，能够为战场指挥人员提供快速的方案评估，并根据平行推演对方案进行调整，其在智能化、自主化、反应快速性上与现代指挥控制系统相比都上了一个台阶，在某种意义上具备了改变战局的能力。

6.2 智能指挥控制系统架构与关键技术

6.2.1 系统架构

随着信息和网络技术在现代军事、社会领域中的广泛渗透，不确定性（uncertainty）、多样性（diversity）和复杂性（complex）成为指挥控制面临的主要挑战。而单纯依靠提升物理空间资源无法有效应对这些挑战。当前，作战要素融合于物理、信息和社会域中，指挥控制的对象由单纯的武器装备拓展到信息空间、社会环境，多个世界空间同步规划、同步实施、同步评估、同步反馈、虚实互动、平行协调。此外，现代战争的间隔时间越来越长，且下一次战争的作战要素、结构和规则都很难重复。因此，迫切需要以作战实验为基础，实现智能指挥控制系统的构建和改造，通过对作战规则、对抗策略和对抗态势进行学习，反复演习和认知战争，来支持下一次战争的设计。智能指挥控制系统的总体结构如图 6-3 所示。

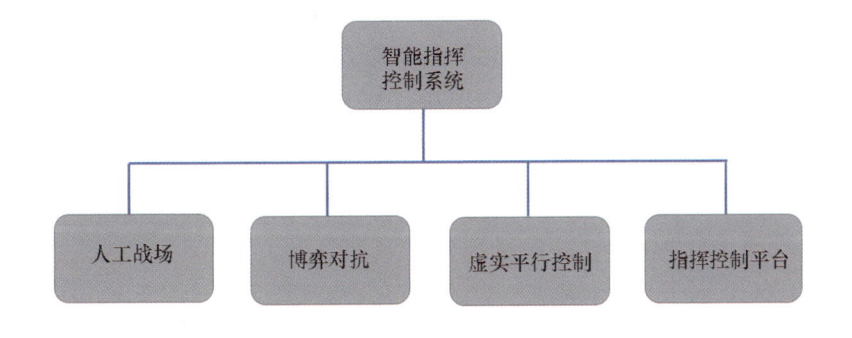

图 6-3 智能指挥控制系统模型

智能指挥控制系统是以作战体系的语义知识模型和深度学习模型为基础，以海量不完全信息的分析挖掘为源头，以平行实验和智能学习为核心，面向各级指挥员实现各类有人和无人作战资源的动态调度、作战行动的有序协调、作战组织敏捷控制的人机一体指挥控制系统。模型由人工战场（artificial war)、博弈对抗（computation war experiment）、虚实平行控制（parallel execution）和指挥控制平台（C2 platform）四部分组成，简称 ACPP 模型。

人工战场提供软件定义的人工作战体系，把作战体系的物理空间映射到虚拟空间，并建立虚实结合的语义知识模型，支撑主动设计作战体系和规划作战行动，颠覆传统的以美国国防部体系架构框架为主流的作战体系建模框架，实现作战体系的软件定义化（可描述、可推理、可学习、可预测），为支持态势认知和行动策略学习提供基础和手段。

博弈对抗提供大规模多世界、多路径探索性平行实验方法，在具有深度学习功能的学习型智能实验系统的支撑下，采用自底向上的多重世界构建技术，通过在人工指挥控制系统上的多路径演化、虚实互动的博弈对抗，以及探索性的计算实验，对指挥控制策略进行分析评估；通过平行执行来控制演变发展的指控对象，为指挥员临机决策提供了系统化的解决方案。

虚实平行控制提供态势认识、预测变化、行动规划和管理调控。根据大规模计算实验的作战数据，结合指挥员的认知流程和经验，通过深度学习网络等技术训练价值网络，结合快速推演和规则推理等方法评估战场态势；并基于强化学习等智能规划方法训练"态势—策略"网，生成军事行动策略；最后依据行动策略，通过传统的运筹规划等方法实现军事行动计划的智能推荐和平行实验评估。在日常训练中采用这种方法扮演红蓝双方，进行大规模自打实验，并根据实验结果反馈修正"价值网络"和"态势—策略"网，优化态势—策略—行动整个过程，在战时辅助指挥员进行态势理解和作战方案的拟订。

指挥控制平台是提供实施战场指挥的平台，主要功能包括接入态势数据、态势展示、指令下达、人机研讨交互等。

从内涵上看，智能指挥控制系统既是智能化和对抗性的需要，也是应对不确定性的需要，要考虑多重世界，采用多路径方法；既是动态获取现实数据、模型和知识自学习、自组织的需要，也是从临机决策事件处理应对思维到趋势预测思维的需要。战时的"平行"将改变指挥控制的模式。从外延上看，作战空间拓展需要智能指挥控制系统，如网电空间作战、太空作战、远海作战等动态目标的精确作战等。体系对抗的新样式、战法需要实验，特别是指挥控制作战、OODA 环的较量，需要智能指挥控制系统。

6.2.2 系统特征

1. 任务构型

智能指挥控制系统是一种无常态系统，意味着"没有界面"，能够根据任务自动完成组合、配置，实现可定制，是一种典型的任务驱动型系统，可实现系统的快速布设。传统的以功能战位为形态的系统架构必将消失。

2. 态势驱动

智能指挥控制系统支持"所见即所得"的决策，即根据战场态势的变化，快速完成一致认知和态势共享，智能推荐兵力及编组、行动计划和资源方案，实现"态势即决策"的指挥控制新模态，关键是需要即时规划和辅助决策能力。

3. 学习演化

学习演化是智能指挥控制系统的本质特征。传统的指挥控制系统是形态驱动的发展，由单机到网络化再到服务化，辅助决策能力一直是瓶颈和弱项。智能指挥控制系统是内容驱动的发展，通过大数据和战例的不断学习，破解"规则和模型"的瓶颈，解决如何把优秀指挥员的知识、经验"内化"为系统的知识的问题，是一种演进式发展的模式，传统的指挥控制系统的"代"概念将消失。

4. 人机融合

智能指挥控制系统将打造"自然宜人"的指挥空间，通过语音、手势、脑机等手段，让系统理解指挥员的决策状态，系统信息得到"恰如其分"的全息展示，系统将构建作战知识图谱，实现情报问答、规划问答和指挥问答。

5. 无级计算

智能指挥控制系统依靠一种"按需无级"计算环境，实现协作决策、无障碍通信和资源共享，实现"云"数据、"云"计算、"云"知识、"云"模型，支持由单体智能到群体智能、体系智能的自然过渡和集成。

6.2.3 技术体系

1. 顶层集成技术

知识体系设计：知识是智能的基础，既包括传统意义上人工定义的法则，也包括大量数据中机器学习建立的感觉模型。从指挥员认知战争和制定决策的角度看，梳理指挥控制知识体系，分析及分配适合人工定义或适合机器学习的知识，对于指挥控制智能化成体系发展具有重要指导意义。

人机智能分工与协作机制：通用人工智能短期内不太可能出现，人与机器智能各有所长。对指挥控制过程中认知决策问题进行解剖，合理化分配适合机器解决和适合人解决的问题。同时，建立两类智能在合作解决问题中协作机制，从而实现"1+1>2"的效果。

智能验证评价体系：将大量生命交给机器管理时，智能验证评价变得至关重要，甚至超过了发展智能化本身。如何发展安全可控的机器智能，确保机器智能不脱离指挥员的掌控，以及如何定性和定量地评价机器智能的水平高下，需要提前研究确定。

2. 智能战场态势认知技术

战场情况理解标绘：态势感知方面的最初级智能是类似参谋的标绘作业，即根据地图上密密麻麻的目标信息，自动理解其兵力分组情况、执行行动、相互关系（如攻击、保障和指挥关系）等，在图上自动标绘出各种指示部署的"腰子"和指示意图方向的"箭头"，让指挥员对当前情况一目了然，从而大幅提高态势理解效率。

各方势力分布计算：在理解战场情况基础上，综合各组兵力的装备性能、指挥训练水平、所在环境限制和支援保障条件等因素，粗略估算出各自势力范围、强弱分布，如哪里是敌方的禁入区域、我方的优势区域、双方争夺的热点区域或均能出入的自由区域等，便于指挥员对整体战场形势优劣快速形成判断。

体系作战重心分析：在计算各方势力分布的基础上，结合各方的意图动机，进一步分析出体系作战的重心所在，如对于进攻方而言对方的防御体系要害，或对于防守方而言对方最有可能攻击的保卫目标等，从而为指挥员规划调整兵力的投入提供支持。

交战形势及机遇判断：交战形势不能简单按照兵力强弱或攻守关系判断，因为各方目的不同，应以照此打下去各方达成目的的概率为依据。随着兵力消长和时空变换，形势优劣时刻变化，抓住机遇重拳出击，达成目的的概率就能提升。结合 AlphaGo 的价值网络模型和美军"深绿"系统中的快速推演，有可能实现形势和机遇的快速判断，从而帮助指挥员把握战机。

变化趋势滚动预测：在作战过程中，指挥员较难决策的往往是未来的行动方向，因为对战争趋势难以把握。借助强大的仿真计算环境，完全有可能模拟整个战场态势的演化过程，同时基于实时掌握的最新态势数据不断更新，就能够实现战场变化趋势的滚动预测，从而引导指挥员提前做出相应的调整，步步抢占先机。

3. 智能规划与决策技术

任务规划智能决策：传统任务规划系统主要功能是提供作业工具，而决策仍以人为主。应用知识推理和搜索求解等人工智能技术，将打击目标清单、使用作战兵力、作战/协同/行动计划及费效分析等简单的参谋作业自动化，实现机器对人的决策建议，从而提高规划效率。

方案推演分析及优化：传统的计划推演是按照既定路线演练一遍，主要用于冲突检测。方案推演则是验证一种作战思路或构想是否可行及其效果，需考虑对抗中各种可能的变化反复进行推演。建立各类作战单元和指挥节点的智能模型，使其根据情况自主决策，从而模拟真实的对抗环境，通过剧情分支自动生成、多分支并行推演和结果综合分析，得出方案综合效能评价，帮助指挥员找出最佳行动方案。

临机决策智能建议及自动生成：平时的演习训练会积累大量经验，针对不同情况应该如何处置，有大量可供参考的预案。行动前，指挥员也会对战争中可能遇到的情况预先估计，提前制定应对策略。利用机器学习方法从历史数据中挖掘潜在规律，自动匹配推演最适合当前情况的预案，同时应用知识推理和搜索求解等方法，按照策略自动推理搜索处置方案、计算生成行动指令，从而提高指挥员快速应对战场情况的处置能力。

基于群体智能的战略战役筹划：战略级与战役级筹划艺术性较强，机器智能短时间内无法胜任。但机器可以提供便利，通过多人建议的观点自动抽取、相似性分析、聚类、裁决和融合集成等技术，集成众多智囊团专家的指挥，拓展当局者思路，实现战略与战役层的众筹和众策。

4. 智能人机协同交互技术

自然人机交互设备：传统指挥所的人机交互主要通过鼠标、键盘、大屏和投影等进行。未来可利用语音、手势、表情、眼动、脑电和肌电等先进的人机交互设备技术，通过多通道的交互验证和相互补充，最大限度地实现人机交互的自然、方便与快捷。

智能人机交互软件：与硬件设备相配套，可通过语音识别、草图识别、自然语言理解和智能问答系统等智能化人机交互软件技术，改善指挥员的人机交互体验，让指挥员感觉像与人交谈一样方便和自然，大幅提升指挥所的人机交互效率。

沉浸式感知研讨：传统的网络化协同研讨环境主要以电话、视频会议、白板和协同标绘等为手段，给人的沉浸感较差。利用虚拟现实和全息投影等技术，可打造虚拟战场环境、全息电子沙盘及虚拟研讨大厅等，为指挥员提供一种身临其境的态势感知和面对面的交流研讨体验。

穿戴式远程指挥：由于单兵野外作战的轻便性与动态性限制，传统电话、手机和平板等远程指挥设备的操作性不佳。利用增强现实技术，可通过头盔和眼镜等穿戴式设备，将作战现场的地图指示、建筑标识、敌人位置、队友状态和指挥命令等信息实时展现给士兵，大幅提升单兵野外作战的远程指挥能力。上述关键技术一旦取得突破，将可应用于以智能化为特征的下一代指挥控制系统研制建设。因此，可开展智能参谋系统技术重点工程，对上述关键技术进行集成应用和演示验证，达到能够在一定程度上取代传统参谋人员，实现利用智能化技术直接辅助指挥员决策。

6.3 决策"智能化"若干问题

指挥决策的基本过程是观察—判断—决策—执行过程，对抗双方每一次决策行动（无论层次高低）都是 OODA 环的一次循环。其中第一个阶段主要是观察态势和判断理解，即态势理解；第二个阶段是行动决策和实施行动，即决策行动。

态势理解可分为两方面："态"即通过数据可得到的状态结果，这是客观的；"势"是指挥员对趋势的认知判断，这是主观的。这是两种不同类型的智能，不能混为一谈。前面的"态"可以看成计算智能，而后面的"势"才是决策智能。

同样，决策行动也包含两个方面：一是理性方面，即指挥决策的规范化内容（科学方法），大多体现在指挥机制、作战流程、条令条例等理性内容上；二是感性方面，主要是指挥决策的创造性内容（即艺术创造），包括指挥决策中的灵感与创造、指挥员的个性与经验等。智能的产生主要在感性阶段而不是理性阶段，理性阶段实际上是智能的结果。

通常认为指挥是一种艺术，它取决于指挥员的直觉、知识、经验甚至性格，每一名指挥员都有自己的特色。也就是说，指挥是艺术、控制是科学。因而，决策智能需要理性和感性的结合，但对智能的研究更多的是在艺术性方面。那么，智能指挥决策研究面临哪些难题呢？胡晓峰教授等 2020 年在《指挥与控制学报》等做了系统介绍。

6.3.1 决策是否可以智能——由智能助理到完全智能

智能技术有两种技术路线：一是基于符号模型的算力法。比如"深蓝"项目，其基本思路是构建精确模型，建立知识表示或状态空间，然后在上述表示或状态空间中推理或搜索，通过暴力计算，找到问题的一个"解"，其核心关键在于待解决问题存在良好定义的精确符号模型。二是基于元模型的训练法。比如 AlphaGo，它首先构建问题的元模型，然后收集训练数据并标注，选择合适的神经网络和算法，根据数据拟合原理，用数据和算法对神经网络权重进行训练，从而使误差最小。其核心关键是需要具有充足的样本数据和合适的算法。

这里有两个难题：一是脆弱性难题，即不在覆盖范围内或做少量的修改，就会导致严重错误；二是工程性难题，需要人工编写知识库或需要大量人工标注数据，建模过程变成了人的数据标注过程，没有这个标注过程，就无法生成 AlphaGo 的神经元网络。AlphaGo Zero 可以自我训练并超越人类，是将算力法（简化决策论模型+蒙特卡洛树搜索）和"训练法"（残差网络+强化学习方法）结合起来，但仍有局限。

战役战术指挥决策面临一系列复杂性：

- 空间复杂性，作战实体多样、空间连续、虚实交错；
- 时间复杂性，动态微分博弈，不是棋类的序贯决策；
- 信息复杂性，不完全、不完美、不确定，效果滞后；
- 博弈复杂性，不对称、不合作、强对抗，充满"迷雾"。

这一系列的问题使得作战决策成为最复杂的战场认知活动，尤其在中高层。从问题空间看，已经远远地超出了 AlphaGo 不知道多少个数量级，也已经无法用计算能力与数据量的多少来衡量了。而且，指挥员的决策目标会随着作战进程不断调整，评价准则也会改变。概括起来说，指挥决策还有一些独特的难点：

- 解空间巨大，基本上没有进行全部探索的可能；

- 非即时反馈，即决策很长时间才能反馈，难以确定反馈必需的"奖惩函数"；
- 多目标冲突，也就很难有"超级算法"可以把这些目标全都包含在内；
- 专业性分工，每个都很复杂，如何实现"智能体专业分工"，向人类"模仿学习"可能就是关键。

这样看，似乎智能决策问题是无法解决的。但人怎么可以做到呢？这就是智能的奥秘之所在，还需要进行深入研究。就目前的技术条件来看，解决问题需要新的思路。一般来说有三种方法：应用场景封闭、理性与感性结合、利用"已有"知识。下面重点讲应用场景封闭。

很多智能问题无法解决，都是应用场景开放所致，所以应该将智能决策的应用场景封闭在可解决的范围内。不试图解决所有问题，而是限定应用场景范围，使得所有问题都在模型可解范围内，或代表性数据集也是有限确定的，这就是封闭性准则。强封闭性准则对封闭性提出更高的要求，弱化通用性，即使该场景中出现失误也不具有致命性，即不会产生致命后果。具体封闭方法需要针对应用场景进行适当剪裁和处理，包括：封闭化，改造场景使之具有强封闭性（如人工转为自动流水线）；分治法，分解部分封闭环节，使其符合准则（如人工与自动线结合）；准封闭化，将可能出现致命性失误的部分封闭，其余半封闭（如高铁）。

将应用场景进行封闭，并定位为多个"智能助理"，可能是目前解决作战指挥智能决策问题唯一可行的技术路线。封闭化，可将其限定在专业兵棋场景下，未来再移植到指挥系统；分治法，可根据需要使其尽可能封闭在"可解"小问题范围内，比如红军、蓝军分治，军兵种、专业或任务分治等；准封闭化，通过标准接口，将可能出现致命性的部分进行约束封闭。此外，智能决策过程中，必然需要保留人工席位，以弥补人工智能决策带来的不足，如上级决策、复杂决策等。因此，借助兵棋系统，规范标准接口，实现任务分治，以及人机协同决策等，通过实现一个个智能助理，最终在系统层面实现智能决策。

6.3.2 态势是否可以理解——从关联分析到因果推理

理解态势是作战决策的基础。但是态势有简有繁，低层次的战斗级态势较为简单，而高层次的战役战术级态势就非常复杂。要理解态势，就必须具有扎实的军事专业知识、作战指挥经验，而这恰恰是计算机最不擅长的。人的决策是建立在态势理解基础上的，但游戏不是，它们实际上只是做到了"知其然而不知其所以然"，决策并没有建立在"理解"的基础上，其原因就在于缺乏因果关系。比如，AlphaGo 通过大量数据得到的走子网络，只是通过胜率建立了"知其然"的对应关系，而并非真正对围棋有了"深刻的理解"。它做出的一些所谓"超人"的决策，其实也只是"随机性创新"起了作用。

朱迪亚·珀尔在其所著的《为什么》一书中说："机器学习不过是在拟合数据和概率分布曲线，并没有触及问题的本质。"只有自带因果的机器学习，才适合做推理和决策，而不能仅靠相关性。对非即时反馈决策而言，更应该采用因果推断模型，而非单纯数据拟合。《为什么》这本书里给出了一个三层因果模型。第一层是观察－关联，通过即时反馈就能得到；第二层是行动－干预，在这一层的即时反馈已经变得不太可能了；第三层是想象－反事实，比如人们会把作战方案在脑海里推演一遍，思考这样做会如何、那样做又会如何、不这样做会如何、不那样做又会如何，但不需要每个都去试。我们必须要解决上两层非即时反馈决策独有的因果关系，不能光解决底层的决策问题。

真正的理解必须建立在因果关系基础之上，而因果关系又有着不同的表现形式。第一种可用形式化知识库表示，这属于科学方法范畴，如公式、规则、流程等。第二种无法用形式化方法表示，比如复杂系统。复杂系统难以描述系统概念，说不清楚参数间关系，比如猫千姿百态，没办法描绘出来。"学习"的介入，可以通过"反推概念"的途径，拟合生成神经网络。深度神经网络模型是用一个复杂系统代替另一个复杂系统，不过这个复杂系统是可以复制的。但如果决策都采用这种学习方式，则无异于每个人都经历"从猿到人"的过程，也是行不通的。

6.3.3 复杂条件下如何决策——从计算智能到认知智能

不理解其实也可以做决策，甚至可以完美决策，难易取决于决策问题与方式。基于科学数据的决策，自动化系统就是如此，只要能够穷举；基于深度学习的决策，则是非形式化的自主决策，主要通过试错进行学习。深度学习下的认知其实就是通过试错学习，不需要任何已知知识，反复训练即可，如接抛球。但不是什么都可以随机试错的，有些需要承受代价，比如火星探测、战争。

试错学习有许多类型。随机试错，即无监督学习，是"随机选择"的进化学习；高效试错，即有监督学习，是"自带答案"的深度学习；反馈试错，则是行为反馈，是基于"奖惩函数"的强化学习。

AlphaStar 是先进行有监督的深度学习，达到基本水准，然后再通过强化学习，不断提高对抗的水平，最后引入多智能体学习，展开联赛式训练，优化它的决策方式。AlphaStar 给我们的启示是什么呢？

- 模仿学习非常重要，不使用人类先验知识很难成功，总得有一个起点；
- 运用图神经网络（graph neural networks，GNN），提高常规学习方法效率、泛化能力和可解释性；
- 深度长短期记忆网络是核心，用于捕捉决策的长程信息；
- 联赛式训练是支撑，也被称为"种族强化学习"、强化训练。

指挥决策有一个科学和艺术的转换过程，决策智能体现在科学和艺术两个方面。指挥控制的科学性体现在"知道怎么做时"，如流程、规划、优化等。指挥控制的艺术性则体现在"不知道怎么做时"，一旦知道了就变成公式、流程、规则了，是计算智能而不是认知智能了。真正的智能其实主要在做"例外"处理，如权衡、选择和概括，这才是问题的关键。

6.3.4 如何利用已有知识——因果知识与数据分析结合

建立图谱有以下三个难题：

- "常识"难题，自主决策必须要有常识的支持。因为任何"自主"决策都应该假设在"人类常识"限定下做出，所谓"智能"才能成立，而"自动"决策则不需要。但是，作战决策的常识有哪些？在哪里？怎样才能建立？这是一个难题。

- "不断学习"难题，也就是决策智能必须与时俱进。决策知识图谱需要不断更新、学习和理解，既包括了解到的新情报，也包括学习到的新知识。这就要求知识图谱必须是"活"的，做到外部实时更新和内部认知改变。

- "融合"难题，就是与神经元网络的融合知识表示。知识图谱属于符号主义，效率高但能够表达的知识有限，怎么与神经元网络融合到一起，将两者的优点结合起来？

解决"融合"难题，需要将符号主义、连接主义甚至行为主义方法结合起来。DeepMind 公司研究将知识图谱与深度学习结合起来，形成"图网络"。许多学者也在研究图神经网络，用深度学习方法处理图谱。比如参考人的"快思考"和"慢思考"两种思维机制，把直觉系统与推理系统结合，建立图神经网络，这可以看成是"认知图谱"，实际就是图网络+推理。

还有一种方法是决策树和神经网络的结合，面向具体对象的决策行为学习与知识图谱。越高层的决策越抽象，越应该基于人类知识已知的因果。比如加州大学的"基于神经网络的决策树"（neural-backed decision trees，NBDT）项目，它用神经网络进行低层次决策，而用决策树保持高层次的可解释性，兼顾准确性和可理解性。当建立图谱的时候，"理解"也就建立起来了。因果知识只有与数据分析结合，才能更好地适应指挥决策的特点。

6.3.5　决策智能如何获得——多智能体的群体涌现

作战指挥决策是复杂智能行为，涉及不同领域、不同专业，仅依靠训练单一"超级智能体"来实现是不可行的。这是因为：

- 有监督的深度学习样本很少，而且很难表达和训练；
- 寻找强化学习的奖惩函数在指挥层面上是一个难题；
- 各种决策准则在多目标下很难协调，还可能会相互制约；
- 可能还需要"人"的介入，也需要进行协同和协调。

在指挥决策中，不管是理性决策（运筹与规划），还是经验决策（数据与灵感），实际上都是"涌现"的。根据复杂系统理论，"涌现"的产生可以在简单条件下实现：

- 只需感知局部的简单运算，不需要通晓全局，这样才不会导致僵化；
- 要有足够多的智能体，并以非线性方式交互，这样行为才不会机械；
- 创新产生在混沌和智慧的边缘且保持动态平衡，这样才会具有创造性。

事实上，根据哥德尔定理，即使有更多的神经元网络参数，智能也只能在上一层次中涌现。

指挥决策也是复杂系统，只能靠多种适应、相关、因果和协同过程的非线性交互和综合，复杂智能才会涌现。主要是因为：

- 这是多智能体交互的综合结果，通过非线性交互和群体协同，可以弥补简单线性算法的不足，既尊重个体，又有协调，还可能产生创新；
- 这是采取"封闭"策略的结果，这必然导致系统会由很多智能体组成，减少个体难度，但需要共同完成复杂决策任务；
- 联合指挥机构本就是群体决策，军兵种、专业、席位甚至个人都是独立的"智能体"。因此，实现复杂决策需要多个任务规划或神经元网络的智能体共同完成。

AlphaStar 中也采用了多智能体的结构和基于多智能体强化学习方法，对不同任务进行独立处理，并采用多智能体组织联赛进行优化训练，这是区别于前代 AlphaGo、AlphaZero 的一个重要的技术创新。智能决策需要将"OODA 环"转化为"OODA 螺旋"。把"学习"引入 OODA 环中，使博弈具有学习经验积累的过程，避免"机械反馈式"简单循环。反应行动决策、战术行动决策、战役行动决策三个层次的内容是不一样，每一层学习上升一级，这种学习过程本身就是个螺旋过程。

6.3.6 决策智能如何实现——科学化运筹 + 智能化决策

在解决指挥智能决策问题时，不能忘记已有的科学方法，比如已有的线性规划、非线性规划、动态规划以及其他的科学方法，这些是作战智能决策的基础。决策就是根据变化不断生成方案并优化的选择过程：理解上级决心，生成解决方案，选择最优方案。这些过程过去都有，如何组合起来才是最重要的。越是高层的决策，抽象过程就越多，最终其实就是各种"选择"、"组合"和"调度"。高层"智能"可能是从众多选择、多层次综合中"涌现"的。

自主态势理解是感知态势并自主得出对当前态势的理解和判断，是基于形式化知识基础与经验、直觉的结合，是一个"形式化知识 + 非形式化知识"的过程（如图 6-4 所示）。在这个过程中，需要关注注意力机制和因果关系。

自主行动决策基于"科学化运筹 + 智能化决策"，是科学与艺术的结合。它是根据态势判断自主做出决策并下达行动命令，是科学运筹（自动）与智能辅助（自主）的结合。需要注意的是，决策中有许多只是运筹计算，并不需要真正的"智能"。

"智能"如何才能"涌现"？就是"局部优化 + 全局平衡 + 控制调度"，进而导致群体智能涌现。我们有很多个大大小小、相互嵌套、对抗的 OODA 环，跟踪每个实体、行动和效果，并调度和选择之后，分层次、分阶段、分不同目标进行调度运行，就有可能综合涌现某种总体效果。在这个过程中，"例外"处理（权衡、选择或概括）以及"目标"调整也是非常重要的。

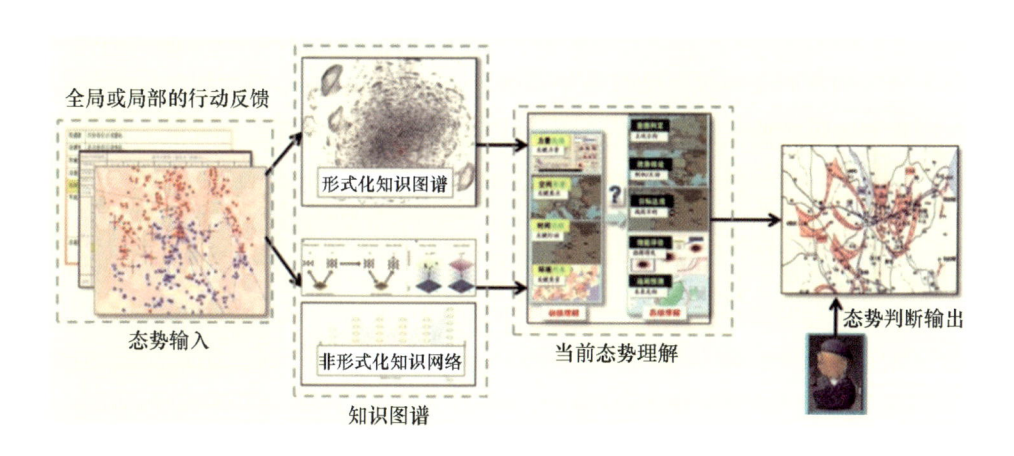

图 6-4　自主态势理解过程

6.4　发展思考

当前人工智能技术的不断发展，为智能指挥决策提供了可能，但决策智能还需要跨过四道"坎"。第一道坎：可解释性。作战决策必须建立在可信赖的基础上，没有可解释性，就没有信赖。但复杂系统本质上是不可完全解释的，只能趋近"尽可解释"。第二道坎：终身学习。"现实"决策与"围棋"决策截然不同，需要不断适应环境和学习。第三道坎：机器常识。人类决策不是"就事论事"，常识是基础的基础，但常识又如何组织？第四道坎：可被信任。到了战场上，你真的信任机器吗？出了问题算谁的责任？

上述的四道坎是决策智能能否使用的核心问题，而短期内的发展方向则是：

（1）在更加开放的场景中实现智能指挥决策。由于决策空间指数级放大，无论是算力还是探索，既缺乏数据，也缺乏模型，至少近期受条件限制，只能封闭应用场景，并用多智能体分别解决。

（2）在智能指挥决策中集成运筹算法和智能发现。运筹规划和规则反映的本来就是"智能"的结果，没必要重新学习。任何决策的机器学习应该不是从零开始，而是必须有个学习起点。

（3）决策智能的核心集中在对"例外"的处理。人们要利用不同类型的智能体完成不同的工作，只有通过充分交互，才能涌现真正的智能。目前只能解决有限问题，由于经费和资源也有限，所以必须突出重点。

总的来说，决策智能从游戏到作战，还有很长的路要走。但现在已经起步了，相信在将来会有更好、更大的进展。

参考文献

[1] 艾瑞卡·S.奥尔森.零和博弈[M].北京:中国财政经济出版社,2014.

[2] 奥古斯丹·古诺.财富理论的数学原理的研究[M].北京:商务印书馆,1994.

[3] 白中英,戴志涛.计算机组成原理[M].5版.北京:科学出版社,2013.

[4] 卜文娟.AlphaGo:算法将被用在AI的落地应用中[J].中国战略新兴产业,2018(1):68-69.

[5] 曹雷.基于深度强化学习的智能博弈对抗关键技术[J].指挥信息系统与技术,2019,10(5):1-7.

[6] 曾文婷.基于NDN的车联网信息传输路由机制研究[D].厦门:厦门大学,2018.

[7] 陈宝成,张进.让博弈论助力指挥对抗研究[N].中国国防报,2012-03-26(03).

[8] 陈坚,廖守亿,杨艳丽,等.一种基于模糊Petri网的CGF决策方法研究[J].计算机应用研究,2014,31(1):111-114.

[9] 陈晋音,周嘉俊,沈诗婧,等.深度学习人脸识别系统的对抗攻击算法研究[J].小型微型计算机系统,2019,40(8):1723-1728.

[10] 陈晋音,邹健飞,苏蒙蒙,等.深度学习模型的中毒攻击与防御综述[J].

信息安全学报,2020,5(4):14-29.

[11] 陈就.博弈理论在建筑施工安全监管中的应用[J].中外企业家,2016(20):199.

[12] 陈丽,冯润明,姚益平.联合建模与仿真系统研究[J].电光与控制,2007,14(4):10-12,18.

[13] 陈思国.计算机兵棋裁决子系统的设计与实现[D].沈阳:东北大学,2009.

[14] 陈亚洲,张鹏.美军面向多样化军事任务的建模仿真研究[J].指挥与控制学报,2018,4(2):89-94.

[15] 程乐峰.电力市场多群体策略博弈的长期演化稳定均衡理论研究[D].广州:华南理工大学,2019.

[16] 丁利.制度激励、博弈均衡与社会正义[J].中国社会科学,2016(4):135-158,208.

[17] 丁玉兰,程国萍.人因工程学[M].北京:北京理工大学出版社,2013.

[18] 董建明,傅利民,沙尔文迪.人机交互:以用户为中心的设计和评估[M].北京:清华大学出版社,2003.

[19] 董志强.身边的博弈[M].北京:机械工业出版社,2007.

[20] 冯·诺伊曼,摩根斯顿.博弈论与经济行为[M].王文玉,王宇,译.上海:生活·读书·新知三联书店,2004.

[21] 冯国毅.虚拟化系统资源重组方法研究[D].重庆:重庆大学,2014.

[22] 付梦印,杨毅,岳裕丰,等.地空协同无人系统综述[J].国防科技,2021,42(3):1-8.

[23] 付伟伊.基于联盟博弈的飞行自组网中信息共享方法研究[D].天津:天津大学,2017.

[24] 淦艳,叶茂,曾凡玉.生成对抗网络及其应用研究综述[J].小型微型计算机系统,2020,41(6):1133-1139.

[25] 桂林,武小悦.部分可观测马尔可夫决策过程算法综述[J].系统工程与

电子技术,2008,30(6):1058-1064.

[26] 郭圣明,贺筱媛,吴琳,等.基于强制稀疏自编码神经网络的作战态势评估方法研究[J].系统仿真学报,2018,30(3):772-784.

[27] 韩志军,柳少军,唐宇波,等.计算机兵棋推演系统研究[J].计算机仿真,2011,28(4):10-13.

[28] 和建敏.民事证据搜寻与证明行为的成本分析与博弈理解[D].重庆:西南政法大学,2005.

[29] 胡晓峰,贺筱媛,陶九阳.AlphaGo的突破与兵棋推演的挑战[J].科技导报,2017,35(21):49-60.

[30] 胡晓峰,齐大伟.智能决策问题探讨:从游戏博弈到作战指挥,距离还有多远[J].指挥与控制学报,2020,6(4):356-363.

[31] 胡晓峰,荣明.关于联合作战规划系统的几个问题[J].指挥与控制学报,2017,3(4):273-280.

[32] 胡晓峰,荣明.智能化作战研究值得关注的几个问题[J].指挥与控制学报,2018,4(3):195-200.

[33] 胡晓峰,荣明.作战决策辅助向何处去:"深绿"计划的启示与思考[J].指挥与控制学报,2016,2(1):22-25.

[34] 黄诗懿.博弈论在DDoS攻击中的应用研究[D].贵阳:贵州大学,2020.

[35] 黄涛.博弈论教程:理论·应用[M].北京:首都经济贸易大学出版社,2004.

[36] 纪守领,杜天宇,李进锋,等.机器学习模型安全与隐私研究综述[J].软件学报,2021,32(1):41-67.

[37] 季自力,王文华.自主交互集群技术在战场上的应用[J].军事文摘,2019(17):51-54.

[38] 贾永楠,田似营,李擎.无人机集群研究进展综述[J].航空学报,2020,41(S1):4-14.

[39] 江源.天气雷达观测资料质量控制方法研究及其应用[D].南京:南京信

息工程大学,2013.

[40] 姜卉.博弈论及其在经济管理中的应用思考[J].现代经济信息,2019(19):150.

[41] 姜妍,张立国.面向深度学习模型的对抗攻击与防御方法综述[J].计算机工程,2021,47(1):1-11.

[42] 焦晏如,张野.基于博弈论的战略管理研究[J].经济师,2020(12):34-35.

[43] 金欣,刘松毅.基于仿真博弈系统的指挥控制智能化发展设想[J].火力与指挥控制,2019,44(7):7-10,16.

[44] 金欣."深绿"及AlphaGo对指挥与控制智能化的启示[J].指挥与控制学报,2016,2(3):202-207.

[45] 金欣.外军指挥控制智能化发展跟踪研究[C]//第六届中国指挥控制大会论文集(上册),2018:84-90.

[46] 金欣.指挥控制智能化问题分解研究[J].指挥与控制学报,2018,4(1):64-68.

[47] 金欣.指挥控制智能化现状与发展[J].指挥信息系统与技术,2017,8(4):10-18.

[48] 雷子欣,李元平.美国"马赛克战"作战概念解析[J].军事文摘,2019(3):7-10.

[49] 黎丽,谢伟,魏书传,等.中国制造2025[J].金融经济,2015(13):8.

[50] 李帮义,王玉燕.博弈论与信息经济学[M].北京:科学出版社,2016.

[51] 李帮义.博弈论及其应用[M].北京:科学出版社,2008.

[52] 李洪业.幻影围棋非完美信息机器博弈问题关键算法研究[D].沈阳:东北大学,2014.

[53] 李磊,王彤,胡勤莲,等.DARPA拒止环境中协同作战项目白军网络研究[J].航天电子对抗,2018,34(6):54-59.

[54] 李盼,赵文涛,刘强,等.机器学习安全性问题及其防御技术研究综述[J].计算机科学与探索,2018,12(2):171-184.

[55] 李帅龙,张会文,周维佳.模仿学习方法综述及其在机器人领域的应用[J].计算机工程与应用,2019,55(4):17-30.

[56] 李玉萍,毛少杰,居真奇,等.装备体系分析仿真平台研究[J].系统仿真学报,2019,31(11):2374-2381.

[57] 李御益.无线异构网络中基于博弈论的资源竞争和合作机制研究[D].上海:上海交通大学,2013.

[58] 刘全,翟建伟,章宗长,等. 深度强化学习综述[J].计算机学报,2018,41(1):1-27.

[59] 刘霞,严晓,刘世宏.非常规突发事件临机决策初探[J].中国应急管理,2011(12):19-23.

[60] 刘兴彦,刘世彬.训练模拟在军事上的应用与发展趋势[J].网络与信息,2010,24(4):32.

[61] 刘秀罗.CGF建模相关技术及其在指挥控制建模中的应用研究[D].长沙:国防科学技术大学,2001.

[62] 刘煜,刘进,李卫丽,等.博弈论教学中如何开展课程思政[J].科教导刊,2021(12):131-133.

[63] 卢锐轩,孙莹,杨奇,等.基于人工智能技术的智能自博弈平台研究[J].战术导弹技术,2019(2):47-52,98.

[64] 鲁传颖.人工智能安全:挑战与机遇[J].重庆与世界,2018(20):59-61.

[65] 鲁大剑.面向作战推演的博弈与决策模型及应用研究[D].南京:南京理工大学,2013.

[66] 鹿荣.混合博弈树算法在中国象棋人机博弈中的应用研究[D].大连:大连交通大学,2008.

[67] 马丁·J.奥斯本,阿里尔·鲁宾斯坦.博弈论教程[M].北京:中国社会科学出版社,2000.

[68] 孟小峰,慈祥.大数据管理:概念、技术与挑战[J].计算机研究与发展,2013,50(1):146-169.

[69] 牛轶峰,肖湘江,柯冠岩.无人机集群作战概念及关键技术分析[J].国防科技,2013,34(5):37－43.

[70] 彭喜元,彭宇,戴毓丰.群智能理论及应用[J].电子学报,2003,31(z1):1982－1988.

[71] 浦鹏,张金春,陈钰宁,等.基于多智能体的多机型协同作战决策系统模型研究[J].海军航空工程学院学报,2007,22(1):173－176.

[72] 钱猛,刘忠,姚莉,等.一种基于协调理论的军事决策过程建模方法[J].火力与指挥控制,2010,35(1):27－31.

[73] 乔冰,肖滨.基于模板匹配的战斗舰艇队形自动识别研究[J].计算机仿真,2006,23(9):4－6,34.

[74] 乔尔·沃森.策略:博弈论导论[M].费方域,赖丹馨,等译.上海:格致出版社,2010.

[75] 秦龙.面向CGF的战场空间表示及推理关键技术研究[D].长沙:国防科学技术大学,2014.

[76] 秦全德,程适,李丽,等.人工蜂群算法研究综述[J].智能系统学报,2014,9(2):127－135.

[77] 邱志明,罗荣,王亮,等.军事智能技术在海战领域应用的几点思考[J].空天防御,2019,2(1):1－5.

[78] RUSSELL S J, NORVIG P.人工智能:一种现代的方法[M].殷建平,祝恩,刘越,等译.北京:清华大学出版社,2013.

[79] 申晨.具有退出选择的合作行为演化及网络拓扑的统计建模[D].昆明:云南财经大学,2021.

[80] 史蒂夫·特林布尔.美国空军启动 Skyborg 武器研制计划[J].国际航空,2020(7):22－23.

[81] 束依睿.资金约束下供应链混合融资订购决策研究[D].武汉:武汉理工大学,2020.

[82] 孙柏林.无人平台在军事领域里的应用[J].自动化博览,2003,20(z1):

145-149.

[83] 孙亚力. 机"智"过人 AI 或将主导空战新模式[N]. 科技日报, 2019-05-29(5).

[84] 谭鑫. 基于规则的计算机兵棋系统技术研究[D]. 长沙: 国防科学技术大学, 2010.

[85] 滕佳益. 基于不完全信息的通信质量与隐私的非合作博弈研究[D]. 长春: 吉林大学, 2021.

[86] 王保魁, 吴琳, 胡晓峰, 等. 基于知识图谱的联合作战态势实体描述方法[J]. 指挥控制与仿真, 2020, 42(3): 8-13.

[87] 王德鑫, 刘忠, 黄金才. 空战中基于威胁评估的任务规划[J]. 火力与指挥控制, 2007, 32(12): 24-27.

[88] 王华, 李贤玉, 王学宁, 等. 指挥信息系统信息保障分析[C]//第六届中国指挥控制大会论文集(下册), 2018: 189-192.

[89] 王璐菲. DARPA 研发"小精灵"无人机用于分布式空中作战[J]. 防务视点, 2015(11): 62-63.

[90] 王旭. 关于"德国工业4.0"的分析概述[J]. 航空制造技术, 2015(21): 43-45, 50.

[91] 王知非, 杨作宾, 于冰. 美军陆军指挥训练模拟[J]. 兵工自动化, 2007, 26(1): 82.

[92] 温杰. 忠诚僚机: 美国空军验证有人/无人编队技术[J]. 航空世界, 2017(7): 9.

[93] 温景容, 武穆清, 宿景芳. 信息物理融合系统[J]. 自动化学报, 2012, 38(4): 507-517.

[94] 吴琳, 胡晓峰, 陶九阳, 等. 面向智能成长的兵棋推演生态系统[J]. 系统仿真学报, 2021, 33(9): 2048-2058.

[95] 吴素彬, 王理阁. 美军指南针计划改善情报人员结构性劣势方法研究[J]. 飞航导弹, 2019(5): 39-42.

[96] 伍文,杨发亮,张兆忠,等.基于三方动态博弈模型的网络生存防御策略优化配置[J].火力与指挥控制,2017,42(11):181-185,190.

[97] 肖高励.博弈论及其在对外贸易中的应用[J].国际贸易,1985(8):16-17.

[98] 谢识予.经济博弈论[M].2版.上海:复旦大学出版社,2002.

[99] 徐茂鑫.迁移蜂群优化算法及其在电力系统优化应用[D].广州:华南理工大学,2017.

[100] 徐伟,吴泽彬,刘建新,等.高铁接触网异物自动化智能检测方法[J].中国铁路,2019(10):39-44.

[101] 徐心和,郑新颖.棋牌游戏与事件对策[J].控制与决策,2007,22(7):787-790.

[102] 杨剑波.多模智能终端在异构无线网络中的垂直切换技术研究[D].郑州:中国人民解放军信息工程大学,2013.

[103] 约翰·伊特韦尔,皮特·纽曼,默里·米尔盖特,等.新帕尔格雷夫经济学大辞典[M].北京:经济科学出版社,1996.

[104] 张钹,朱军,苏航.迈向第三代人工智能[J].中国科学:信息科学,2020,50(9):1281-1302.

[105] 张国微.破解中小企业信贷融资困境的演化博弈分析[D].哈尔滨:哈尔滨商业大学,2021.

[106] 张嘉楠,王逸翔,刘博,等.深度学习的对抗攻击方法综述[J].网络空间安全,2019,10(7):87-96.

[107] 张凯峰,俞扬.基于逆强化学习的示教学习方法综述[J].计算机研究与发展,2019,56(2):254-261.

[108] 张路青.作战方案智能推演技术研究[J].舰船电子工程,2011,31(11):8-10,48.

[109] 张巍.群体协同行为建模与仿真技术研究[D].长沙:国防科学技术大学,2012.

[110] 赵明浩.基于机器学习的链路预测相关问题研究[D].杭州:浙江工业大学,2019.

[111] 中国电子技术标准化研究院.中国《人工智能标准化白皮书2018》发布[J].智能建筑,2018(2):11.

[112] 钟剑辉,傅调平,邓超.基于人工智能的兵棋推演作战分析研究与设计[J].舰船电子工程,2015,35(1):30-36.

[113] 周光霞,周方.美军人工智能空战系统阿尔法初探[C]//第六届中国指挥控制大会论文集(上册),2018:66-70.

[114] 朱冰,赵兰兰,李萌.T-S-K模糊逻辑算法在抚河水文预报中的应用[J].水文,2015,35(3):53-58.

[115] 朱迪亚·珀尔,达纳·麦肯齐.为什么[M].江生,于华,译.北京:中信出版社,2019.

[116] 朱丰,胡晓峰,吴琳,等.基于深度学习的战场态势高级理解模拟方法[J].火力与指挥控制,2018,43(8):25-30.

[117] 祝毓.国外工业互联网主要进展[J].竞争情报,2018,14(6):59-65.

[118] ABADI M, CHU A, GOODFELLOW I, et al. Deep learning with differential privacy[EB/OL].(2016-07-01)[2022-03-19]. https://arxiv.org/abs/1607.00133v1.

[119] ALPAYDIN E. Introduction to machine learning[M]. Cambridge, MA: MIT Press, 2020.

[120] ARNAB A, MIKSIK O, TORR F, et al. On the robustness of semantic segmentation models to adversarial attacks[C]//Proceedings of the IEEE/CVF Conference on Computer Vision and Pattern Recognition, 2018: 888-897.

[121] ARULKUMARAN K, CULLY A, TOGELIUS J. AlphaStar: an evolutionary computation perspective[C]//Proceedings of the Genetic and Evolutionary Computation Conference Companion, 2019: 314-315.

[122] ATENIESE G, MANCINI L V, SPOGNARDI A, et al. Hacking smart machines with smarter ones: how to extract meaningful data from machine learning classifiers[J]. International Journal of Security and Networks, 2015, 10(3): 137-150.

[123] ATHALYE A, CARLINI N, WAGNER D. Obfuscated gradients give a false sense of security: circumventing defenses to adversarial examples[C]// Proceedings of the International Conference on Machine Learning, 2018: 274-283.

[124] AUER P, CESA-BIANCHI N, FISCHER P. Finite-time analysis of the multiarmed bandit problem[J]. Machine Learning, 2002, 47(2): 235-256.

[125] BAB A, BRAFMAN R I. Multi-agent reinforcement learning in common interest and fixed sum stochastic games: an experimental study[J]. Journal of Machine Learning Research, 2008, 9(4): 2635-2675.

[126] BEAL D F. A generalised quiescence search algorithm[J]. Artificial Intelligence, 1990, 43(1): 85-98.

[127] BENI G, WANG J. Swarm intelligence in cellular robotic systems[M]// Robots and Biological Systems: Towards a New Bionics?. Berlin, Heidelberg: Springer, 1993: 703-712.

[128] BIGGIO B, CORONA I, FUMERA G, et al. Bagging classifiers for fighting poisoning attacks in adversarial classification tasks[C]//Proceedings of the International Workshop on Multiple Classifier Systems, 2011: 350-359.

[129] BIGGIO B, FUMERA G, ROLI F. Multiple classifier systems for robust classifier design in adversarial environments[J]. International Journal of Machine Learning and Cybernetics, 2010, 1(1): 27-41.

[130] BRENDEL W, RAUBER J, BETHGE M. Decision-based adversarial attacks: reliable attacks against black-box machine learning models[EB/

OL]. (2017 - 12 - 12) [2022 - 03 - 19]. https://arxiv. org/abs/1712. 04248.

[131] BROWN N, SANDHOLM T. Superhuman AI for heads-up no-limit poker: libratus beats top professionals[J]. Science, 2018, 359(6374): 418 -424.

[132] CARLINI N, WAGNER D. Audio adversarial examples: targeted attacks on speech-to-text[C] //Proceedings of the 2018 IEEE Security and Privacy Workshops, 2018: 1 -7.

[133] CARLINI N, WAGNER D. Towards evaluating the robustness of neural networks[C] //Proceedings of the 2017 IEEE Symposium on Security and Privacy, 2017: 39 -57.

[134] CHEN K H. Computer Go: knowledge, search, and move decision[J]. ICGA Journal, 2001, 24(4): 203 -215.

[135] CHOW S, EISEN P, JOHNSON H, et al. White-box cryptography and an AES implementation[C] //Proceedings of the International Workshop on Selected Areas in Cryptography, 2002: 250 -270.

[136] CISSE M, ADI Y, NEVEROVA N, et al. Houdini: fooling deep structured prediction models[EB/OL]. (2017 - 07 - 17) [2022 - 03 - 19]. https:// arxiv. org/abs/1707. 05373.

[137] CLEMPNER J B, POZNYAK A S. Analytical method for mechanism design in partially observable Markov games[J]. Mathematics, 2021, 9(4): 321.

[138] CONWAY J. The game of life[J]. Scientific American, 1970, 223(4): 4.

[139] CREPINSEK M, LIU S-H, MERNIK M. Exploration and exploitation in evolutionary algorithms: a survey[J]. ACM Computing Surveys, 2013, 45 (3):35. 1 -35. 33.

[140] DAVIDE C. Can we open the black box of AI? [J]. Nature, 2016, 538 (7623): 20 -23.

[141] FREDRIKSON M, JHA S, RISTENPART T. Model inversion attacks that

exploit confidence information and basic countermeasures[C]//Proceedings of the 22nd ACM SIGSAC Conference on Computer and Communications Security, 2015: 1322 – 1333.

[142] FREDRIKSON M, LANTZ E, JHA S, et al. Privacy in pharmacogenetics: an end-to-end case study of personalized warfarin dosing[C]// Proceedings of the 23rd USENIX Conference on Security Symposium, 2014: 17 – 32.

[143] GARCIA C E, PRETT D M, MORARI M. Model predictive control: theory and practice—a survey[J]. Automatica, 1989, 25(3): 335 – 348.

[144] GERON A. Hands-on machine learning with Scikit-Learn and Tensor Flow: concepts, tools, and techniques to build intelligent systems[M]. California: O'Reilly Media, 2017.

[145] GILAD-BACHRACH R, DOWLIN N, LAINE K, et al. Cryptonets: applying neural networks to encrypted data with high throughput and accuracy[C] //Proceedings of the International Conference on Machine Learning, 2016: 201 – 210.

[146] GITHENS G. Product lifecycle management: driving the next generation of lean thinking by Michael Grieves [J]. Journal of Product Innovation Management, 2007, 24(3):278 – 280.

[147] GOODFELLOW I J, POUGET-ABADIE J, MIRZA M, et al. Generative adversarial nets [C]// Proceedings of the 27th Conferences on Neural Information Processing Systems, 2014.

[148] GOODFELLOW I J, SHLENS J, SZEGEDY C. Explaining and harnessing adversarial examples [EB/OL]. (2014 – 12 – 20) [2022 – 03 – 19]. https://arxiv.org/abs/1412.6572.

[149] GRIEVES M. Digital twin: manufacturing excellence through virtual factory replication[R]. Digital Twin White Paper, 2014.

[150] GRIEVES M. Virtually perfect: driving innovative and lean products

through product lifecycle management［M］. Florida：Space Coast Press，2011.

［151］ HARSANYI J C. Games with incomplete information played by "Bayesian" players part Ⅱ. Bayesian equilibrium points［J］. Management Science，1968，14(5)：320−334.

［152］ HEINZ E A. Adaptive null-move pruning［J］. ICGA Journal，1999，22(3)：123−132.

［153］ JIN J, DUNDAR A, CULURCIELLO E. Robust convolutional neural networks under adversarial noise［EB/OL］.（2015−11−19）［2022−03−19］. https：//arxiv. org/abs/1511. 06306v2.

［154］ KELLER J. DARPA launches CODE program for UAVs to share information and work together［J］. Military & Aerospace Electronics，2014，25(6)：30.

［155］ KENNEDY J. Swarm intelligence［M］//Handbook of Nature-Inspired and Innovative Computing. Boston，MA：Springer，2006：187−219.

［156］ KNUTH D E, MOORE R W. An analysis of alpha-beta pruning［J］. Artificial Intelligence，1975，6(4)：293−326.

［157］ KOCSIS L. Bandit based Monte-Carlo planning［C］// Proceedings of the 17th European Conference on Machine Learning,2006：282−293.

［158］ KOS J, FISCHER I, SONG D. Adversarial examples for generative models［EB/OL］.（2017−02−22）［2022−03−19］. https：//arxiv. org/abs/1702.06832.

［159］ LANCTOT M, SAFFIDINE A, VENESS J, et al. Monte Carlo*-Minimax Search［C］//Proceedings of the Twenty-Third International Joint Conference on Artificial Intelligence,2013：580−586.

［160］ LANCTOT M, WAUGH K, ZINKEVICH M, et al. Monte Carlo sampling for regret minimization in extensive games［J］. Advances in Neural

Information Processing Systems, 2009, 22: 1078-1086.

[161] LANCTOT M. Monte Carlo sampling and regret minimization for equilibrium computation and decision-making in large extensive form games [D]. Edmonton, AB: University of Alberta, 2013.

[162] LANGLEY P. Elements of machine learning[M]. San Francisco: Morgan Kaufmann Publishers, 1996.

[163] LANGTON C G. Studying artificial life with cellular automata[J]. Physica D-nonlinear Phenomena, 1986, 2(1-3): 120-149.

[164] LECUN Y, BENGIO Y, HINTON G. Deep learning[J]. Nature, 2015, 521(7553): 436-444.

[165] LIN Y, HONG Z, LIAO Y, et al. Tactics of adversarial attack on deep reinforcement learning agents[C]//Proceedings of the International Joint Conference on Artificial Intelligence, 2017.

[166] LIU Y, CHEN X, LIU C, et al. Delving into transferable adversarial examples and black-box attacks[EB/OL]. (2016-11-08)[2022-03-19]. https://arxiv.org/abs/1611.02770.

[167] MARSLAND T A, CAMPBELL M. Parallel search of strongly ordered game trees[J]. ACM Computing Surveys (CSUR), 1982, 14(4): 533-551.

[168] MCNETT M D, PHELAN R G, MCGINNIS M L. WARSIM 2000: combining multiple expert opinions from subject matter experts to generate requirements for staff training at battalion level and above[C]//Proceedings of the 1997 IEEE International Conference on Systems, Man, and Cybernetics. Computational Cybernetics and Simulation, 1997: 1280-1284.

[169] METZEN J H, KUMAR M C, BROX T, et al. Universal adversarial perturbations against semantic image segmentation[C]//Proceedings of the IEEE International Conference on Computer Vision, 2017: 2755-2764.

[170] MITCHELL T M. Machine learning[M]. New York: McGraw-Hill, 1997.

[171] MOORE R C, DOWDING J, BRATT H, et al. CommandTalk: a spoken-language interface for battlefield simulations[C] // Proceedings of the Fifth Conference on Applied Natural Language, 1997: 1 – 7.

[172] MOOSAVI-DEZFOOLI S M, FAWZI A, FROSSARD P. Deepfool: a simple and accurate method to fool deep neural networks[C]//Proceedings of the IEEE Conference on Computer Vision and Pattern Recognition, 2016: 2574 – 2582.

[173] NASH J F. Equilibrium points in N-person games[J]. Proceedings of the National Academy of Sciences of the United States of America, 1950, 36 (1): 48 – 49.

[174] NASH J F. Non-cooperative games[J]. Annals of Mathematics, 1951, 54: 286 – 295.

[175] NGUYEN A, YOSINSKI J, CLUNE J. Deep neural networks are easily fooled: high confidence predictions for unrecognizable images [C]// Proceedings of the IEEE Conference on Computer Vision and Pattern Recognition, 2015: 427 – 436.

[176] PAPERNOT N, MCDANIEL P, JHA S, et al. The limitations of deep learning in adversarial settings [C] //Proceedings of the 2016 IEEE European Symposium on Security and Privacy, 2016: 372 – 387.

[177] PAPERNOT N, MCDANIEL P, SWAMI A, et al. Crafting adversarial input sequences for recurrent neural networks [C]//Proceedings of the IEEE Military Communications Conference, 2016: 49 – 54.

[178] PARSONS D, SURDU J, JORDAN B. OneSAF: a next generation simulation modeling the contemporary operating environment [C] // Proceedings of the Euro-simulation Interoperability Workshop, 2005: 27 – 29.

[179] ROZSA A, GUNTHER M, RUDD E M, et al. Facial attributes: accuracy and adversarial robustness[J]. Pattern Recognition Letters, 2019, 124(6):

100-108.

[180] RUBINSTEIN B I P, NELSON B, HUANG L, et al. Antidote: understanding and defending against poisoning of anomaly detectors[C]// Proceedings of the 9th ACM SIGCOMM Conference on Internet Measurement, 2009: 1-14.

[181] SAMUEL A L. Some studies on machine learning using the game of checkers[J]. IBM Journal of research and development, 1959, 3(3): 210-229.

[182] SCHELLING T C. A framework for the evaluation of arms-control proposals [J]. Daedalus, 1975, 104(3): 187-200.

[183] SCHELLING T C. Bargaining, communication, and limited war[J]. Journal of Conflict Resolution, 1957, 1(1): 19-36.

[184] SCHELLING T C. Models of segregation[J]. The American Economic Review, 1969, 59(2): 488-493.

[185] SCHELLING T C. Nuclear strategy in Europe[J]. World Politics, 1962, 14(3): 421-432.

[186] SCHELLING T C. The strategy of conflict: Prospectus for a reorientation of game theory[J]. Journal of Conflict Resolution, 1958, 2(3): 203-264.

[187] SCHRITTWIESER J, ANTONOGLOU I, HUBERT T, et al. Mastering Atari, Go, chess and shogi by planning with a learned model[J]. Nature, 2020, 588(7839): 604-609.

[188] SEFFERS G I. Commanding the future mission[J]. Signal, 2016, 70(9): 16-19.

[189] SHARIF M, BHAGAVATULA S, BAUER L, et al. Accessorize to a crime: real and stealthy attacks on state-of-the-art face recognition[C]// Proceedings of the 2016 ACM SIGSAC Conference on Computer and Communications Security, 2016: 1528-1540.

[190] SHOKRI R, STRONATI M, SONG C, et al. Membership inference attacks against machine learning models[C] // Proceedings of the 2017 IEEE Symposium on Security and Privacy, 2017: 3 – 18.

[191] SHUBIK M. Game theory and economic behavior[J]. Cowles Foundation Discussion Papers, 1966, 57(9): 708 – 710.

[192] SILVER D, HUANG A, MADDISON C J, et al. Mastering the game of Go with deep neural networks and tree search[J]. Nature, 2016, 529(7587): 484 – 489.

[193] SILVER D, SCHRITTWIESER J, SIMONYAN K, et al. Mastering the game of Go without human knowledge[J]. Nature, 2017, 550(7676): 354 – 359.

[194] SIMLOTE A. Joint warfare system (JWARS)[C]// Proceedings of the 2003 DoD User Group Conference, 2003: 325 – 329.

[195] SIROTA S. DARPA announces AlphaDogfight Trials with simulated, AI-controlled UAVs[J]. Inside the Pentagon, 2019, 35(27): 7.

[196] SMITH J, PRICE G R. The logic of animal conflict[J]. Nature, 1973, 246(5427): 15 – 18.

[197] SURDU J R, KITTKA K. Deep Green: commander's tool for COA's concept[C]//Proceedings of Computing, Communications and Control Technology Conference, 2008.

[198] SURDU J R, KITTKA K. The Deep Green concept[C]//Proceedings of the 2008 Spring Simulation Multiconference, 2008: 623 – 631.

[199] SUTTON R S, BARTO A G. Reinforcement learning: an introduction [M]. Cambridge, MA: MIT Press, 2018.

[200] SZEGEDY C, ZAREMBA W, SUTSKEVER I, et al. Intriguing properties of neural networks[EB/OL]. (2013 – 12 – 21)[2022 – 03 – 19]. https://arxiv.org/abs/1312.6199v2.

[201] TABACOF P, TAVARES J, VALLE E. Adversarial images for variational autoencoders[EB/OL]. (2016-12-01)[2022-03-19]. https://arxiv.org/abs/1612.00155v1.

[202] TAORI R, KAMSETTY A, CHU B, et al. Targeted adversarial examples for black box audio systems[C]//Proceedings of the 2019 IEEE Security and Privacy Workshops, 2019: 15-20.

[203] TESAURO G. TD-Gammon, a self-teaching backgammon program, achieves master-level play[J]. Neural Computation, 1944, 6(2):215-219.

[204] TROTT K. Command, control, communications, computer, intelligence, surveillance and reconnaissance (C^4ISR) modeling and simulation using joint semi-automated forces (JSAF)[R]. Northrop Grumman Inc., 2003.

[205] TURING A M, HAUGELAND J. Computing machinery and intelligence[M]. Cambridge, MA: MIT Press, 1950.

[206] VINYALS O, BABUSCHKIN I, CZARNECKI W M, et al. Grandmaster level in StarCraft II using multi-agent reinforcement learning[J]. Nature, 2019, 575(7782): 350-354.

[207] WANG X, SONG J, QI P, et al. SCC: an efficient deep reinforcement learning agent mastering the game of StarCraft II[EB/OL]. (2020-12-24)[2022-03-19] https://arxiv.org/abs/2012.13169.

[208] XIE C, WANG J, ZHANG Z, et al. Adversarial examples for semantic segmentation and object detection [C]//Proceedings of the IEEE International Conference on Computer Vision, 2017: 1369-1378.

[209] XIE C, WU Y, MAATEN L, et al. Feature denoising for improving adversarial robustness[C]//Proceedings of the IEEE/CVF Conference on Computer Vision and Pattern Recognition, 2019: 501-509.

[210] YAKURA H, SAKUMA J. Robust audio adversarial example for a physical attack[EB/OL]. (2018-10-28)[2022-03-19]. https://arxiv.org/

abs/1810.11793.

[211] ZHANG Y, MALACARIA P. Bayesian Stackelberg games for cyber-security decision support [J]. Decision Support Systems, 2021, 148 (3): 113599.